CW00550755

nces

Collection dirigée par
Sophie Moirand
*Professeur à l'université
de la Sorbonne Nouvelle*

Marie - Paule Péry - Woodley

Les écrits dans l'apprentissage

Clés pour analyser les productions des apprenants

HACHETTE F.L.E.
58, rue Jean-Bleuzen
92170 Vanves

Collection F
Titres parus ou à paraître

• Série F / Références

Des points de vue synthétiques sur l'état des recherches dans un domaine
précis de la didactique des langues ou des sciences du langage.
– *Enseigner une culture étrangère* (Zarate)
– *Enseigner à communiquer en langue étrangère* (Moirand)
– *Compétence transculturelle et échanges scolaires en Europe* (Baumgratz)
– *Le français langue seconde* (Cuq)
– *Langue et littérature* (Adam)
– *Objectifs spécifiques* (Lehmann)

• Série F / Autoformation

Des moyens pour s'autoformer et des idées d'activités pour la classe.
– *Manuel d'autoformation* (Bertocchini, Costanzo)
– *Jeux et activités communicatives dans la classe de langue* (Weiss)
– *Entrées en littérature* (Goldenstein)
– *Une grammaire des textes et des dialogues* (Moirand)
– *Prononcer les mots du français* (Wioland)
– *La vidéo en classe de langue* (Compte)
– *Lectures interactives en langue étrangère* (Cicurel)
– *Évaluer les apprentissages* (Lussier)

et aussi...

Les numéros spéciaux « Recherches et application » de la revue *Le français
dans le monde*.
– *Lexiques*
– *Acquisition et utilisation d'une langue étrangère*
– *Publics spécifiques et communication spécialisée*
– *Vers le plurilinguisme ?*
– *Enseignements /apprentissages précoces des langues*
– *Les auto-apprentissages*
– *Des formations en langue étrangère*
– *Des pratiques de l'écrit*

Réimpressions de la collection *Le français dans le monde* / B.E.L.C.

– *Exercices systématiques de prononciation française* (B.E.L.C./Léon)
– *Jeu, langage et créativité* (B.E.L.C./ Caré, Debyser)

ISBN 2-01-020549-9
© Hachette-Livre 1993, 79, boulevard Saint-Germain – F 75006 PARIS

SOMMAIRE

AVANT-PROPOS

Un enseignant qui corrige une copie, que ce soit en français, en langue étrangère ou en histoire-géographie, se livre inévitablement à des analyses du texte en cours de correction. Ces analyses varient par leurs objectifs, et sans doute par les méthodes et les critères – implicites ou explicites – qui sont mis en œuvre. Mais la démarche n'est pas fondamentalement différente de celle du didacticien qui recherche dans un corpus des indices d'apprentissage, ou de celle du linguiste qui analyse des textes pour comprendre l'effet de cohérence. À partir de ces analyses se construisent des évaluations, des programmes d'enseignement, des théories de l'apprentissage ou de la nature des textes.

Cet ouvrage s'adresse aux enseignants et chercheurs qui, amenés à décrire et à évaluer les écrits d'apprenants, désirent réfléchir sur ce qu'est un texte. Deux questions fondamentales se posent : qu'est-ce qu'un texte ? et qu'est-ce qu'un bon texte ? En d'autres termes, la qualité comme essence – ce qui caractérise un texte et comment cela fonctionne – et la qualité comme valeur – ce qui fait qu'un texte est ou n'est pas réussi. C'est à partir de réponses, même partielles, à ces questions qu'on peut élaborer une didactique de l'écrit.

Dans la première partie, seront présentés les grands axes des recherches sur l'apprentissage de l'écrit au cours des vingt-cinq dernières années : par un mouvement de pendule familier, on semble être passé d'un regard quelque peu myope se bornant aux frontières de la phrase à une optique globalisante, celle des analyses de discours. Les approches les plus fécondes pour les didacticiens sont sans doute celles qui s'efforcent d'articuler ces deux niveaux d'analyse – le niveau « micro » (phénomènes phrastiques) et le niveau « macro » (fonctions textuelles) [1].

Plutôt que de présenter un modèle général du fonctionnement des textes, la deuxième partie cherche à cerner l'interface entre la surface textuelle et certains aspects pragma-

---

1. Certaines des notions présentées en première partie sont explicitées dans les parties suivantes. Le lecteur peu familiarisé avec les catégories utilisées ici, ainsi qu'avec la rhétorique anglo-saxonne que l'on a tenu à conserver, aura donc intérêt à lire cette revue « historique » après les deuxième et troisième parties. [note de l'éditeur]

tiques de la mise en texte. Elle identifie des « prises » sur les textes à partir de l'exploration de deux formes de structuration contribuant à la cohérence : la structure thématique et la structure rhétorique. Les marques de mise en texte étant liées aux objectifs et aux conditions de production des textes, cette deuxième partie se termine par une réflexion sur les types de textes.

Dans la troisième partie, on se jette à l'eau : des analyses diverses, par la nature des corpus, par la méthodologie et par les objectifs, illustrent le cadre proposé dans la partie précédente. Ces comptes rendus sont le lieu d'une réflexion théorique – sur l'adéquation des modèles qui les sous-tendent – et méthodologique – en particulier sur l'interaction des démarches quantitatives et qualitatives dans l'analyse d'un corpus. Une dernière section cherche à résumer et à problématiser le rôle des marques de surface dans la reconnaissance des différents niveaux de structure ainsi que dans l'attribution d'un texte à un type de textes.

La quatrième partie explore diverses façons d'utiliser l'analyse des textes en pédagogie de l'écrit. Il s'agit toujours d'encourager une réflexion sur le texte ; d'abord par la *reformulation*, qui part de la comparaison de textes d'apprenants avec leur réécriture pour dégager les choix de mise en texte ; ensuite par des *activités d'analyse et de production* de textes, et par des *manipulations syntaxiques* visant à sensibiliser les apprenants au rôle joué par la syntaxe dans la répartition de l'information dans la phrase et donc dans la cohésion textuelle. On passe enfin en revue des outils informatiques d'aide à la production de textes, et d'autres qui permettent à l'apprenant de se transformer en « linguiste » pour analyser des « mini-corpus » de manière à en faire ressortir des régularités fonctionnelles.

Consacré à l'analyse des productions écrites, et influencé par la tradition anglo-saxonne d'étude « de terrain », cet ouvrage est tout naturellement inspiré par un parti pris empirique. Un de ses objectifs est de faire connaître au public francophone des travaux menés et publiés dans les pays anglophones, où la linguistique et la didactique ont fait preuve récemment d'un grand dynamisme, lié sans doute au rôle mondial de la langue anglaise. Ce qu'on présente ici, c'est également une autre méthodologie, qui s'inscrit dans ce qu'on pourrait appeler une culture épistémologique différente, accordant un rôle plus important à l'observation.

I

Perspectives sur les écrits d'apprenants

Cette première partie présente les grands axes des recherches sur l'analyse de productions écrites au cours des vingt dernières années. Il s'agit d'une présentation sélective cherchant à mettre en évidence les principales problématiques et la façon dont elles s'intègrent dans les grands courants de recherche en didactique. Sélective, cette présentation sera également critique et « orientée », puisqu'un de ses objets est de situer et de faire connaître les recherches récentes en linguistique textuelle, qui paraissent particulièrement riches de promesses pour la didactique de l'écrit. Si les recherches anglo-saxonnes s'arrogent la part du lion dans cette synthèse, c'est parce qu'il a paru important de faire connaître aux lecteurs de langue française ce domaine qui jouit d'un dynamisme considérable, en partie grâce à l'expansion de l'enseignement de l'anglais langue étrangère, mais aussi grâce aux enseignants de langue maternelle, en particulier aux États-Unis. D'autant plus qu'on cherchera aussi, au long de ce parcours, à encourager une réflexion méthodologique sur les apports des approches empiriques, qui sont beaucoup plus fortement représentées dans le monde anglophone.

La question fondamentale qui se pose aux enseignants dans leur pratique comme aux chercheurs s'efforçant de comprendre ce qui fait d'une suite de phrases un texte, c'est la mise en relation de caractéristiques de surface – caractéristiques objectives que l'on peut mesurer et

*compter – avec des jugements globaux de « qualité ».
Question formulée par Enkvist comme suit :*

> Quels sont les traits concrets, définissables linguistiquement, qui peuvent nous aider à distinguer un texte qui « marche » dans une situation donnée d'un texte qui ne « marche » pas ? *(Enkvist, 1985a, p. 25)* [1]

Cette question – même si l'on s'accorde à penser qu'elle n'a sans doute pas de réponse entièrement satisfaisante – est tout à fait centrale dans les deux sous-domaines qui ouvrent notre revue des recherches : l'apprentissage et l'évaluation. Dans le premier sous-domaine, on analyse des textes pour étudier le développement des capacités langagières (en L1 ou en L2) dans le temps. Cet objectif est inséparable de la notion de progrès, elle-même inséparable de la notion de qualité puisque progrès implique changement vers le mieux, amélioration.

Dans le domaine de l'évaluation (voir chapitre 2), chercheurs et enseignants sont confrontés au problème de la définition de critères qui soient à la fois objectifs et valides. Ils doivent être objectifs pour permettre à des évaluateurs différents d'arriver au même résultat ; ils doivent être valides en ce sens qu'ils doivent correspondre au jugement d'ensemble du lecteur sur les qualités globales de cohérence et de lisibilité.

Le texte entre langue et parole

*Pour structurer le parcours des recherches ayant trait à ces questions, je propose ici un principe d'organisation fondé sur ma perception de l'évolution épistémologique qui a marqué la linguistique au cours des vingt-cinq ou trente dernières années. Les relations étroites entre la linguistique appliquée et la linguistique générale, et leur évolution respective ont fait que les questions posées et les méthodes utilisées dans la recherche sur l'apprentissage de l'écrit ont beaucoup changé. Cette évolution peut se caractériser selon deux aspects : l'unité d'analyse et la prise en compte du contexte. Au cours de la période 1965-1975, la plupart des travaux abandonnent la tradition **rhétorique** pour se concentrer sur des*

---

1. « What linguistically definable, concrete features might help us to distinguish a text which works nicely in a certain situation from a text which does not ? »

unités **syntaxiques** *indépendamment de leur contexte ou de leur fonction : ce qui fascine les chercheurs de l'époque, c'est la présence ou l'absence de certaines formes syntaxiques, la taille des unités syntaxiques, ou les erreurs de morphologie et de syntaxe. Cette tendance se trouve contrebalancée vers le milieu des années 1970 par un fort courant d'orientation rhétorique, qui émane d'enseignants plutôt que de linguistes. Ce courant se trouve maintenant intégré au mouvement qui s'oriente vers les linguistiques du discours, et qui se caractérise par le souci de considérer des unités de communication en situation, et à travers leur fonction pragmatique.*

    Cette évolution épistémologique dans l'étude du langage a toujours été tempérée, dans la recherche sur l'apprentissage de l'écrit, par des considérations pratiques imposées par les réalités de l'enseignement et de l'évaluation. Il y a par ailleurs bien des recoupements et des recouvrements entre les approches. Il semble néanmoins légitime de découper les deux sous-domaines définis ci-dessus – apprentissage et évaluation – selon deux grandes orientations, qui seront caractérisées en référence à la dichotomie saussurienne opposant la **langue** *à la* **parole** *:*

*• la description d'unités allant du morphème à la phrase et considérées hors contexte, à l'intérieur d'un cadre épistémologique où la syntaxe est vue comme un système en soi, isolable, indépendant des aspects fonctionnels du langage (***l'écrit-langue***) ;*

*• la description d'éléments de taille et de fonction grammaticale diversifiées considérés cette fois dans leur contexte, y compris dans le contexte pragmatique large de la situation d'écriture (***l'écrit-parole***) [2].*

    Cette distinction concerne non pas le type de données étudiées mais le regard qui est porté sur elles : ainsi, des textes entiers peuvent être analysés comme de l'écrit-langue si leur contexte et leur fonction ne sont pas pris en compte. C'est précisément cette distinction qui va organiser les trois domaines concernés par cette revue des recherches : l'apprentissage, l'évaluation et les approches comparatives et contrastives.

---

2. La dichotomie saussurienne est utile ici pour caractériser le changement de cadre conceptuel qui s'est opéré ; elle est reprise de façon souple cependant, dans l'intention non pas d'exclure la parole du champ de la linguistique, mais au contraire de plaider pour son intégration.

1

Analyser
pour comprendre
l'apprentissage

1.1. Analyser l'écrit-langue

Deux approches principales sont à considérer – ici comme dans le chapitre suivant sur l'évaluation. Elles ont des bases conceptuelles communes et elles ont contribué de façon fondamentale à l'évolution de la conception du rôle de l'apprenant dans l'apprentissage. Ce sont les mesures de *maturité syntaxique*, particulièrement appréciées outre-Atlantique et l'*analyse d'erreurs*, bien connue des didacticiens de langue française.

1.1.1. L'analyse d'erreurs

L'erreur n'a jamais cessé d'intéresser les enseignants ; elle a de tout temps représenté une sorte de « degré zéro » de l'approche empirique, sous la forme des relevés de « fautes » qui font partie des stratégies d'enseignement. En didactique des langues étrangères, elle prend toutefois un nouveau visage à la fin des années 1960 grâce aux travaux de Corder (1967 ; 1974). Considérée jusque-là comme le signe d'un mauvais apprentissage, l'erreur, à laquelle on ne s'intéressait que pour l'élaboration de « *drills* » cherchant à l'éliminer, apparaît soudain comme une indication susceptible de renseigner sur le processus d'apprentissage lui-même. L'analyse d'erreurs devient alors essentielle à la compréhension de ce processus, qui est elle-même un préliminaire indispensable à l'élaboration de stratégies d'enseignement :

Si nous connaissions le cours naturel, chez un locuteur de langue A, de l'apprentissage d'une langue B, nous aurions alors une information d'importance cardinale pour la conception de programmes linguistiques pour l'enseignement de la langue B à des locuteurs de langue A. (Corder 1974, pp. 125-126)[3]

Jusque-là signe d'échec, l'erreur devient signe de progrès. C'est sur ce nouveau concept d'erreur que se fonde ensuite la notion d'*interlangue* (Corder, 1971, 1974 ; Selinker,1972) :

Si les phrases d'un apprenant sont déviantes, mal formées, incorrectes ou erronées, c'est seulement dans le sens où elles ne peuvent être complètement décrites ni par les règles de la grammaire de sa langue maternelle ni par celles de la langue cible. En revanche elles sont vraisemblablement bien formées par rapport à la grammaire de son propre idiolecte transitoire à ce moment-là. (ibidem, 1974, p. 122)[4]

Cette nouvelle façon d'aborder la description des productions d'apprenants présente un double intérêt : elle fournit non seulement des méthodes d'analyse mais aussi, ce qui est très important, une théorie pour l'interprétation des erreurs, qui trouvent leur place dans un modèle général de l'apprentissage. Les années 1970 connaissent par conséquent une vogue de l'analyse d'erreurs, surtout en L2 (Buteau, 1970 ; Grauberg, 1971 ; Bhatia, 1974 ; Scott et Tucker, 1974 ; Burt, 1975 ; Dommergues et Lane, 1978, pour n'en citer que quelques-uns), et ce nouveau concept d'erreur a un impact décisif pour la recherche sur l'apprentissage des langues. L'analyse d'erreurs contribue à valoriser l'approche empirique en conférant au repérage de phénomènes de surface une pertinence linguistique pour la détermination d'universaux du langage, une pertinence psycholinguistique pour l'élucidation des stratégies d'apprentissage, et une pertinence didactique pour l'élaboration de stratégies d'enseignement.

L'analyse d'erreurs est cependant dès ses débuts en butte à des critiques : certains chercheurs s'inquiètent de la nature subjective des jugements d'erreurs (Bell, 1974), d'autres lui

---

3. « If we knew what the natural course of the development of a speaker of language A in the learning of language B was, then we would have some information of cardinal importance for the devising of linguistic syllabuses for teaching language B to speakers of language A. »

4. « A learner's sentences may be deviant, ill-formed, incorrect or erroneous only in the sense that they are not fully describable in the terms of the grammar of his mother tongue or the target language. They are, however, presumably "well-formed" in terms of the grammar of his own transitional idiolect at that point in time. »

reprochent au contraire un souci excessif et illusoire d'objectivité « scientifique » (Hammarberg, 1974 ; Schachter, 1974 ; Schachter et Celce-Murcia, 1977 ; da Rocha, 1975). Il y aurait lieu de critiquer également la vision étroite du langage – exclusivement syntaxique – qui la sous-tend alors. Nous présentons ensuite des recherches qui ont tenté d'élargir la notion d'erreur à la lumière des linguistiques du discours. Bien que l'analyse d'erreurs semble « *être en train de rapidement passer de mode* » (Taylor, 1986, p. 144), elle se pratiquait encore récemment dans sa forme « restreinte », particulièrement dans les contextes L2 autres que l'anglais langue étrangère (Azevedo, 1980 ; Morrissey, 1979, 1980, 1981 ; Rogers, 1984). La nouvelle conception du rôle de l'apprenant qui est à la base de l'intérêt pour l'erreur – l'apprenant comme agent du processus d'apprentissage – est celle qui continue d'orienter la didactique aujourd'hui.

1.1.2. La maturité syntaxique

Le point de départ : *les travaux de Hunt*

Cette deuxième branche des recherches sur l'apprentissage – l'analyse de la maturité syntaxique – voit le jour aux États-Unis, dans le contexte de l'apprentissage de la langue maternelle. L'impulsion originelle vient de recherches, menées dans un cadre générativiste, sur le développement syntaxique chez les enfants d'âge scolaire ; à partir d'une analyse de compositions écrites par des enfants/adolescents de dix, quatorze, et dix-huit ans, Hunt (1965) conclut à l'existence d'un processus de maturation syntaxique au cours de la croissance, processus qui se manifeste par la production spontanée de « phrases » de plus en plus complexes. J'ai placé « phrases » entre guillemets parce que l'originalité de Hunt est précisément d'avoir utilisé pour cette analyse une véritable unité syntaxique, le « T-unit », à la place de la phrase. Il le définit comme « *une proposition principale plus toute proposition subordonnée ou proposition réduite qui s'y trouve attachée ou enchâssée.* » (Hunt, 1970a, p. 4)[5]

---

5. « one main clause plus any subordinate clause or non-clausal structure that is attached to or embedded in it. »

1 T-unit	2 T-units
Bien qu'elle comporte deux propositions, cette phrase ne forme qu'un T-unit. Cette phrase comporte deux propositions mais forme un seul T-unit.	Cette phrase comporte deux propositions et elle forme deux T-units.

Il observe en effet que les jeunes enfants ont tendance à utiliser davantage de T-units coordonnés, et remet ainsi en cause les recherches prenant la longueur des phrases comme principal indice de maturité syntaxique, puisqu'une phrase composée de plusieurs unités syntaxiques coordonnées peut être longue sans toutefois être complexe. Dans sa première étude, Hunt emploie cinq mesures :
– longueur moyenne des T-units,
– nombre de propositions par T-unit,
– longueur des propositions,
– nombre de T-units par phrase,
– longueur des phrases.

La comparaison entre les trois groupes d'âge met en évidence une progression pour toutes les mesures, l'indice le moins fiable étant la longueur des phrases, et les indices les plus fiables la longueur des T-units et des propositions. Elle montre également une progression significative de l'utilisation des nominalisations et de la complexité du groupe nominal (utilisation croissante de modificateurs du nom).

Ces observations initiales se trouvent renforcées par les résultats de l'étude suivante : les adultes professionnels de l'écriture (écrivains et journalistes) sembleraient pousser plus avant les tendances manifestées par les enfants (Hunt, 1970a). Dans la perspective générativiste dominante à l'époque, cet allongement progressif des T-units est attribué à une aptitude croissante à rattacher deux noyaux ou plus à une proposition principale en les transformant en subordonnées ou en les réduisant.

Ainsi, pour les deux phrases de base :
J'ai un fils. Il a dix ans.
l'évolution typique sera :
coordination ———▶ subordination ———▶ réduction
J'ai un fils et il a dix ans. ———▶ J'ai un fils qui a dix ans.
———▶ J'ai un fils (âgé) de dix ans.

Maturité syntaxique, combinaison de phrases et apprentissage

En langue maternelle

À la suite de Hunt, d'autres chercheurs se mettent à mesurer le développement chronologique de la compétence syntaxique soit dans les productions d'apprenants en L1, soit pour comparer des scripteurs professionnels à des novices. Ils affinent et diversifient les mesures originelles, et obtiennent pour la plupart des résultats en accord avec les découvertes initiales de Hunt. Dans le domaine didactique, la retombée la plus féconde, et qui provoque une explosion d'analyses de productions écrites, est la combinaison de phrases (« *sentence combining* »).

Étant donné la conception étroitement syntaxique du langage qui constituait l'orthodoxie linguistique de l'époque, les implications pédagogiques des recherches sur la maturité syntaxique sont rapidement – trop rapidement peut-être – exploitées : si l'apprentissage de l'écrit est un processus de maturation syntaxique, on doit pouvoir accélérer ce processus en classe à l'aide d'exercices de construction de phrases complexes à partir de phrases simples. Cette idée de l'écrit comme une sorte de jeu de Lego syntaxique obtient un succès considérable pendant les années 1970, et de nombreuses recherches sont entreprises pour évaluer l'efficacité de la nouvelle méthode, en termes de maturité syntaxique d'abord, puis de qualité d'ensemble (Mellon, 1969 ; Vitale, King, Shontz et Huntley, 1971 ; Combs, 1976, 1977 ; Morenberg, Daiker et Kerek, 1978 ; Stewart 1978 ; Obenchain, 1979). C'est ainsi que les mesures de complexité syntaxique, conçues au départ pour mesurer le développement, en arrivent peu à peu à mesurer la qualité. La relation entre complexité syntaxique et qualité entre ainsi en jeu, explicitement ou non.

En langue étrangère

En didactique des langues étrangères, deux questions se posent ; la première concerne la spécificité de l'apprentissage d'une langue seconde : peut-on s'attendre aux mêmes schémas de maturation syntaxique en L2 qu'en L1 ? Hunt (1970b) répond lui-même par l'affirmative à cette question et suscite une vague d'intérêt pour son approche dans le monde de la didactique de l'anglais langue étrangère (Hunt, 1971 ; Angelis, 1975 ; Larsen-Freeman et Strom, 1977 ; Kameen, 1978 ; Pack et Henrischen, 1980, *inter alia*).

Pour que cet intérêt puisse gagner l'enseignement d'autres langues que l'anglais, il fallait se poser une autre question, concernant la spécificité de chaque langue : peut-on observer les mêmes schémas de maturation syntaxique en français, en espagnol ou en arabe qu'en anglais ? Des recherches sur le suédois (Truus, 1972), le persan (Dehghanpisheh, 1978) et l'espagnol (Paviolo, 1980) semblent montrer que si les fréquences de constructions particulières sont spécifiques pour chaque langue, la progression de la complexité syntaxique telle que la définit Hunt semble universelle. L'enthousiasme pour les exercices de combinaison de phrases s'étend à l'enseignement d'autres langues, en particulier du français et de l'allemand (Monroe, 1975 ; T.C. Cooper, 1976, 1977, 1981 ; Cooper et Morain, 1980 ; Cooper, Morain et Kalivoda, 1980), et la confiance dans la corrélation entre maturation syntaxique et progrès à l'écrit grandit.

Critiques et bilan

Mais dès la fin des années 1970 cette corrélation est remise en cause. D'abord un certain nombre de chercheurs attaquent les méthodes utilisées dans les recherches sur les effets des exercices de combinaison de phrases et soutiennent que les aspects périphériques de cette pédagogie – discussions en classe des problèmes et des différentes solutions, enseignement inductif de principes de rhétorique et entraînement plus intensif à l'écrit – sont peut-être tout autant responsables des progrès rapportés par ces études que les exercices eux-mêmes (Mellon et Kinneavy, 1979). Par ailleurs, la fiabilité de la longueur du T-unit comme caractéristique stable pour un scripteur donné dans différents types de textes (description *vs* narration par exemple), et même dans différentes manifestations d'un même type, est sérieusement remise en question (Witte et Davis, 1980 ; Witte, 1983a).

Si les exercices de combinaison de phrases ne sont plus considérés comme la panacée (voir Ross et autres, 1988, pour une évaluation plus récente de leur utilité), les mesures de complexité syntaxique continuent en revanche à être utilisées comme un indice de développement linguistique parmi d'autres (Ostler, 1987 ; Lantolf, 1988 ; Allwright, Woodley et Allwright, 1988 ; Péry-Woodley, 1989 ; Bardovi-Harlig et Bofman, 1989). Dans Allwright, Woodley et Allwright (1988) par exemple, des mesures syntaxiques sont utilisées pour explorer les effets d'une stratégie d'enseignement utilisant la reformulation – paraphrase par un locuteur natif d'un texte d'étudiant (voir 3e partie, 1.4.) : en quoi la deuxième rédaction d'une dissertation produite par un étudiant après un travail en classe sur une reformulation diffère-t-elle de sa première version ? Il s'agit de mesures strictement syntaxiques – longueur moyenne des T-units, nombre moyen d'enchâssements par T-unit – mais qui sont utilisées dans le cadre d'une linguistique du texte, dans lequel la syntaxe est considérée pour son rôle dans l'établissement de la *cohésion* et de la *cohérence* du texte, ce qui montre qu'une approche empirique et quantitative n'implique pas nécessairement un regard limité à la phrase et aveugle aux facteurs contextuels.

Dans ce qui suit nous allons voir comment les cadres d'analyse présentés ici ont été enrichis par des chercheurs étudiant l'écrit en tant que *parole* et les textes en tant qu'ensembles cohérents fonctionnant en situation de communication.

1.2. Analyser l'écrit-parole

1.2.1. Systématicité dans la variabilité

Les recherches sur l'acquisition/apprentissage des langues semblent refléter l'évolution d'une linguistique de la *langue* vers une linguistique de la *parole* d'une façon tout particulièrement intéressante : la notion d'« interlangue » était d'abord une façon d'intégrer la notion de « compétence » issue des théories chomskiennes dans la recherche sur l'apprentissage d'une langue étrangère ; de même, les études sur l'acquisition de la langue maternelle avaient tendance à représenter les étapes du développement comme des « états de langue ». Pourtant le caractère dominant des *interlangues* – et des stades dans le développement de la compétence en L1 – est leur instabilité, leur « côté caméléon », selon l'expression de Tarone (1979).

Cette caractéristique risquait de mettre en danger la notion même d'interlangue : existe-t-il vraiment quelque chose qu'on puisse appeler *interlangue* si cette entité supposée ne présente aucune caractéristique stable ? C'est là qu'on a commencé à remarquer qu'il y avait en fait des régularités, une certaine systématicité même dans cette variabilité, mais une systématicité perceptible en termes de *parole*, donc de situation et de « fonction ».

Il y a lieu en effet non seulement de critiquer une conception de l'interlangue totalement obnubilée par la syntaxe, mais également de se demander s'il est raisonnable de rechercher une systématicité syntaxique hors de toute considération pragmatique ou fonctionnelle. C'est ce que fait Rutherford (1984), dans une réflexion sur la notion d'interlangue à la lumière de la pragmatique et des linguistiques du discours. Rutherford maintient que le développement de la syntaxe en *interlangue* est déterminé par des facteurs pragmatiques et sémantiques. Il reprend l'image du caméléon afin de plaider pour de nouvelles recherches sur l'*interlangue*, dans les perspectives ouvertes par les linguistiques du discours :

> *L'interlangue est peut-être un caméléon syntaxique, mais il y a de grandes chances que ce n'en soit pas un sur les plans sémantique et pragmatique.* (Rutherford, 1984, p. 134)

> *Un phénomène donné peut apparaître comme de la variabilité en termes syntaxiques et comme de l'homogénéité en termes fonctionnels.* (*ibidem*, p. 149) [6]

1.2.2. Une nouvelle approche de l'erreur

Cette évolution ouvre la porte à un nouveau type d'analyses d'erreurs. Taylor (1986) essaie de relancer l'intérêt pour l'analyse d'erreurs comme moyen pour aider les enseignants à « *déceler les problèmes qui se posent aux apprenants lorsqu'ils apprennent à écrire* » (Taylor, 1986, p. 163) [7], rejetant ce qu'il considère comme une déviation vers les universaux linguistiques et psycholinguistiques. Selon lui, on ne peut identifier et expliquer une erreur que dans le contexte du texte entier, en termes d'adéquation au développement global du thème, qui n'est lui-même ni donné ni absolu, mais qui ne peut être perçu que par un processus d'interprétation. Comme tout énoncé l'erreur est unique dans son interprétabilité.

Cette conception, prônée par Taylor en L1 comme en L2, s'apparente à la notion d'erreur ou d'échec pragmatique, qui sera développée *infra* (voir chapitre 3). Elle représente un

---

6. « If IL is indeed a syntactic chameleon it probably is not a semantic or pragmatic one. »
« The same IL phenomenon can look like variability in syntactic terms but homogeneity in functional ones. »

7. « to uncover the problems that students face when they are learning to write. »

véritable changement tant dans l'optique que dans l'objet d'étude : plutôt qu'à l'origine des erreurs (transfert, interférence, fossilisation), on s'intéresse maintenant à leur définition et à leur interprétation en termes de pertinence et d'adéquation au contexte textuel et extra-textuel (situation d'écriture). Cette évolution vers une notion de l'erreur en parole est incompatible avec le type d'études à orientation principalement quantitative qui avait dominé jusque-là, mais elle se prête en revanche à des études de détail à plus petite échelle et à des études de cas. En cela les recherches sur l'erreur s'inscrivent dans l'évolution qui a marqué au cours de cette période les études empiriques dans les sciences sociales, en particulier dans une sociologie influencée par l'ethnographie de la communication : de nouvelles méthodologies sont mises en œuvre qui mettent l'accent sur une analyse fine d'un nombre réduit de cas, correspondant à une prise de conscience des limites des vastes panoramas.

Parmi les analyses d'erreurs récentes se réclamant de cette nouvelle tendance, on peut citer différents auteurs : Coombs (1986), qui distingue la maîtrise des règles grammaticales en L2 de l'aptitude à utiliser les structures correspondantes pour communiquer de façon efficace (la syntaxe au service de la cohésion) ; Doushaq (1986), qui analyse les erreurs d'étudiants arabes en anglais au niveau de la phrase, du paragraphe et du contenu ; Ostler (1987) et Hatim (1987), qui se penchent également sur les erreurs « rhétoriques » d'étudiants arabophones en anglais ; Cumming (1989) et J.W. Stalker et J.C. Stalker (1988), qui cherchent à distinguer dans l'écrit en langue étrangère les effets de la compétence en langue (en L2) de ceux de la compétence textuelle.

1.2.3. Maturité syntaxique ou maturité rhétorique ?

Dans le domaine de la complexité/maturité syntaxique, certains avaient dès le début mis en cause la validité d'une mesure de cette maturité syntaxique comme indice de niveau hors de toute considération d'adéquation à la situation et d'efficacité (Ney, 1966). Ce sont des préoccupations que l'on retrouve dans les nombreux travaux parus dans les années 1970 et dans le début des années 1980, signalant l'influence sur la complexité syntaxique de facteurs dépendant du public visé, du but de la communication et du type de texte (Perron, 1976 ; Crowhurst et Piché, 1979 ; Rubin et

Piché, 1979 ; Witte et Davis, 1980, 1982 ; Watson, 1983, *inter alia*). En ce qui concerne le type de texte, on remarque par exemple que les textes argumentatifs et expositifs tendent à exiger une plus grande complexité syntaxique que les textes narratifs ou expressifs. D'une façon générale, les chercheurs adoptent un ton plus prudent, une perspective plus critique envers des concepts tels que « maturité » et « complexité », et évitent les corrélations hâtives et simplistes entre des caractéristiques textuelles de surface et le développement linguistique (Williams, 1979 ; Faigley, 1980 ; Woodley, 1983).

Deux chercheurs canadiens contribuent à cette évolution, et ce à partir d'une réflexion sur la tradition rhétorique (Freedman et Pringle, 1980 a) qui les amène à se pencher sur l'apprentissage de l'écrit dans divers types de textes (Pringle et Freedman, 1980 ; Freedman et Pringle, 1980 b). Ces recherches sont emblématiques du glissement qui s'opère à ce moment-là : ce n'est plus la syntaxe sous l'influence du type de texte qui intéresse les chercheurs, mais d'abord le type de texte et l'apprentissage de la diversification des réponses textuelles. Freedman et Pringle utilisent un instrument d'analyse globale (« holistique » : C.R. Cooper, 1977) pour procéder à une comparaison de textes d'apprenants (L1) de types différents. Un concept central pour cette analyse est celui de « niveau d'abstraction », issu de la recherche sur l'évaluation (voir chapitre 2 *infra* ; également Durst, 1987).

Le souci de situer l'écrit dans son contexte social et pragmatique s'accompagne d'un intérêt croissant pour son contexte cognitif : particulièrement présente dans l'explosion des recherches sur le processus rédactionnel (« *process research* »), l'approche cognitive sous-tend également des études sur la relation entre pensée et écriture, et entre apprentissage de l'écrit et développement cognitif. Miller (1979) définit la « maturité rhétorique » comme l'aptitude à identifier les exigences diverses de la perception, de la conception et de l'exécution dans différentes situations d'écriture, et à s'y adapter ; elle établit un lien entre maturation rhétorique et développement cognitif. Freedman et Pringle (1984), en comparant ce qu'exigent respectivement argumentation et narration sur le plan de la conceptualisation et de l'abstraction, expliquent les difficultés qu'ont les adolescents à produire des textes argumentatifs : les douze-treize ans écrivent de bons récits et de mauvaises argumentations parce qu'ils n'ont pas atteint le stade cognitif requis pour construire une argumentation. Toujours dans l'optique cognitiviste, McCann (1989) met en relation l'aptitude d'un groupe d'apprenants à rédiger une argumentation avec les jugements que ces mêmes apprenants sont capables de porter sur des textes argumentatifs.

1.2.4. Productions écrites et processus rédactionnel

Pendant les années 1980, entraînés sans doute par le succès des approches ethnométhodologiques en sociologie et par l'intérêt croissant pour les processus cognitifs en psychologie et en psycholinguistique, de nombreux chercheurs délaissent les productions écrites pour se consacrer exclusivement à l'étude du processus rédactionnel, utilisant des méthodologies nouvelles en didactique, comme celle qui demande au scripteur de « penser tout haut » pendant la rédaction. À présent, beaucoup considèrent que le moment est venu d'intégrer ces deux optiques longtemps considérées comme opposées. Connor (1987a) passe en revue les démarches compatibles entre les deux approches et propose un cadre permettant de les intégrer. Les travaux de Connor (1987b) sont une application de ce cadre à l'analyse de textes argumentatifs en anglais L1 et L2 à trois niveaux : en tant que structures propositionnelles de type problème-solution, en tant qu'actes de parole successifs et en tant que moyen d'interpeller un public. Whalen (1988) ainsi que Fagan et Hayden (1988) s'efforcent d'arriver à cette intégration dans leurs travaux sur l'apprentissage de l'écrit en L2 au Canada. Inghilleri (1989) reproche aux recherches sur l'activité d'écriture d'isoler la création de sens par l'écriture de son contexte social (connaissances partagées et conventions langagières). Le contexte social de la classe devient précisément objet d'étude pour Michaels (1987) qui associe une analyse ethnographique de l'interaction dans la classe (et en particulier des échanges enseignant/élèves) à une analyse linguistique des productions écrites.

1.2.5. Cohésion et cohérence

Ce compte rendu du glissement progressif des recherches d'un écrit-*langue* vers un écrit-*parole* risque de donner l'impression que d'un regard un peu myope on est en train de passer à un regard résolument presbyte, mais il me reste à faire mention de travaux qui examinent dans une optique de *parole* des phénomènes traditionnellement considérés comme appartenant au domaine de la *langue*, et qu'on peut regrouper sous l'étiquette de linguistique du texte. Je vois l'objet de la *linguistique du texte* comme étant précisément de mettre en relation les aspects *micro* et *macro* des textes, les niveaux phrastique et discursif de l'organisation textuelle. Elle s'est donné de réels outils pour aborder la question de la qualité des textes – c'est-à-dire de ce qui constitue un texte, et de ce qui en fait un « bon » texte. Il s'agit des notions de cohérence et de cohésion.

Dans la lignée de l'École de Prague (voir Slakta, 1975 ; Vigner, 1982 ; Combettes, 1988, pour une présentation en français et dans une optique didactique des travaux fondamentaux de ce groupe de linguistes), certains chercheurs examinent les procédés utilisés par les apprenants (L1) pour signaler les thèmes et les rhèmes, et les types de progression thématique (Combettes, 1977, 1978 ; Scinto, 1982). Dans le monde anglophone, de nombreux chercheurs, inspirés par les travaux de Halliday et Hasan (1976) sur la cohésion (voir 2e partie, 1.3.), se lancent dans l'analyse de l'utilisation par des apprenants des différents procédés de cohésion – anaphore, conjonction, cohésion lexicale, etc. (Crowhurst, 1987 ; Fitzgerald et Spiegel, 1986 ; Haswell, 1988 ; McLure et Geva, 1983 ; Onyeberechi, 1986 ; Romaine, 1985 ; Yde et Spoelders, 1985).

Cooper (1983) propose une gamme de procédures pour l'analyse de textes d'apprenants, ainsi qu'un plaidoyer enthousiaste pour les approches fondées sur « *un nouveau domaine appelé linguistique du texte* » (Cooper, 1983, p. 288). Ces procédures concernent tout particulièrement l'analyse de la cohésion, de la gestion de l'information (information nouvelle ou non, thème/rhème, focus de l'information), des niveaux d'abstraction, de la structure thématique. On peut noter que l'unité d'analyse principale est le texte, pris dans son contexte d'énonciation (voir Grabe, 1984, p. 104 : « *Un texte n'est un texte qu'en vertu de son énonciation* [8]. »), et que les caractéristiques textuelles à tous les niveaux d'analyse sont étudiées en fonction de l'ensemble du texte. Parmi les travaux s'effor-

---

8. « *A text is only a text by virtue of its occurrence.* » (Bien que ce soit inusité, il me semble approprié de traduire ici « occurrence » par « énonciation ».)

çant tout particulièrement d'élaborer un cadre théorique textuel pour l'analyse des productions écrites dans le contexte didactique, on peut citer ceux de Charolles (1976, 1978), Enkvist (1985a et b, 1987), Connor (1987a), Hatim (1987), Brown (1989).

Les travaux en L2 dans le cadre de la linguistique du texte sont plutôt rares : Evensen (1985) présente son travail comme « *une étude de l'interlangue au niveau du discours* » ; Pavesi (1986) cherche à mettre en relation les caractéristiques syntaxiques et le type de texte. Je m'emploie moi-même depuis plusieurs années à examiner le rôle de la syntaxe dans la construction du texte en L1 et L2 (Woodley, 1982, 1985, 1987 ; Allwright, Woodley et Allwright, 1988 ; Péry-Woodley, 1989, 1991). C'est l'un des objectifs de cet ouvrage que d'encourager et peut-être d'orienter les recherches dans ce domaine.

2

Analyser
pour évaluer

Le problème central des recherches sur l'évaluation, c'est de déterminer des mesures objectives et quantitatives qui puissent cependant entrer en corrélation avec une évaluation globale, plus ou moins intuitive, de la qualité d'un texte. C'est ce qui fait leur intérêt : elles ont une ferme assise pratique, inscrite dans le quotidien des classes et des examens et, en même temps, elles posent des questions fondamentales en linguistique en ce qu'elles cherchent à articuler des traits linguistiques de surface mesurables et des caractéristiques textuelles globales. Le côté pratique de ces recherches les a jusqu'à un certain point isolées des changements épistémologiques mentionnés ci-dessus, et la nécessité de tenir compte de textes entiers les a empêchées de considérer l'écrit uniquement comme une manifestation de la *langue*. D'une façon générale, cependant, la dichotomie saussurienne *langue/parole* continue à fournir un principe organisateur adéquat pour présenter ces recherches et les critères d'évaluation qu'elles veulent « promouvoir ».

2.1. Évaluer l'écrit-langue

Deux grandes approches des productions écrites d'apprenants ont été décrites dans le chapitre précédent comme appartenant à la perspective de l'écrit-*langue* : analyse d'erreurs et complexité syntaxique ont été présentées dans le cadre de l'étude de l'apprentissage, cadre dans lequel elles se sont constituées. J'ai déjà mentionné le flou de la distinction entre progrès-développement et progrès-amélioration ; on retrouve ces deux approches dans la recherche de critères de qualité pour l'évaluation des textes. Les recherches sur l'évaluation se répartissent en deux domaines : l'élaboration de procédures d'évaluation et l'élucidation des critères implicites qui régissent l'évaluation globale ou « holistique ». C'est cette dernière qui nous concerne parce qu'elle nécessite l'analyse détaillée de productions écrites d'apprenants.

2.1.1. Erreurs en langue et évaluation

D'emblée on est surpris de constater que l'erreur apparaît peu dans les travaux publiés au cours des quinze dernières années. Les rares chercheurs qui en tiennent compte dans le contexte de la classe de langue (L2) lui attribuent une place considérable dans les jugements « holistiques » (Stewart et Grobe, 1979 ; Grobe, 1981 pour L1 ; Perkins, 1980 ; Homburg, 1984). Des travaux récents adoptent un point de vue différent : ils examinent les réactions à l'erreur non plus des professeurs de langue, mais des enseignants des matières universitaires étudiées en anglais par des étudiants étrangers. Ces enseignants – les « consommateurs » des textes d'apprenants – seraient relativement indifférents aux erreurs (Santos, 1987, 1988), qu'ils trouvent dans l'ensemble peu gênantes pour la compréhension.

Une question vient immédiatement à l'esprit lorsqu'on examine ces résultats : que compte-t-on comme erreur ? Il s'agit généralement d'erreurs de ponctuation, d'orthographe, de morphologie et de syntaxe, c'est-à-dire d'erreurs dénotant une maîtrise imparfaite du système linguistique. Homburg (1984) et Santos (1987, 1988) étudient également le rôle de l'erreur dans la lisibilité, démarche que l'on trouve aussi chez Brodkey et Young (1981), toujours en L2, dans leur recherche d'une méthode d'évaluation. L'erreur peut donc être prise en compte dans l'évaluation comme signe de non-maîtrise du système linguistique ou comme obstacle à la communication. Nous voilà revenus à la dichotomie *langue/parole*, mais sous la forme peut-être plus utile d'un continuum.

2.1.2. Complexité syntaxique et évaluation

À cause du flou accompagnant la notion de progrès – qui recouvre progrès-développement et progrès-amélioration –, la complexité syntaxique, reflet présumé de l'apprentissage, est également étudiée dans sa relation à la qualité des textes. Mais si l'utilité de mesures telles que la longueur moyenne des T-units [9] est généralement acceptée lorsqu'il s'agit de complexité ou d'apprentissage syntaxiques, il y a problème « *lorsque la mesure descriptive devient objectif didactique* » (Hillocks, 1986, p. 148) [10]. Les recherches visant à évaluer les taux de corrélation entre les mesures de complexité syntaxique – longueur des T-units, longueur des propositions, nombre de propositions par T-unit, etc. – et les évaluations globales de textes d'apprenants, en L1 comme en L2, produisent dans l'ensemble des résultats peu convaincants.

Certains chercheurs (Morenberg, Daiker et Kerek, 1978 ; Stewart, 1978 pour L1 ; Kameen, 1978 ; Flahive et Snow, 1980 ; et plus récemment Véliz, 1988, pour L2) se contentent de signaler une corrélation positive entre complexité syntaxique et qualité. La plupart rendent compte cependant de résultats plus mitigés ; pour l'écrit en L1, Perkins (1980) et Grobe (1981) présentent d'autres facteurs (les erreurs et la longueur des compositions en particulier) comme ayant plus de poids auprès des évaluateurs ; nombreux sont ceux qui prétendent démontrer que la complexité syntaxique n'a pratiquement aucune valeur de prédiction des notes accordées de façon « holistique » (Nold et Freedman, 1977 ; Faigley, 1979 ; Witte et Faigley, 1981 ; Reed, Burton et Vandett, 1986). Dans le contexte anglais L2, Kameen (1983), tout en signalant une forte corrélation, affine les mesures et conclut que c'est la longueur des propositions qui est en jeu plus que le niveau de complexité syntaxique. Homburg (1984) ajoute des mesures de cohésion (connecteurs, conjonctions de subordination et de coordination) aux mesures de complexité syntaxique et d'erreurs, pour aboutir à un « kit » capable, d'après lui, de rendre compte de 84 % des variations des notes globales ; mais il constate lui-même les limites de ses mesures, qui ne tiennent pas compte de la structure du texte :

> *Il est probable que les mesures utilisées dans cette étude perdront de leur importance au fur et à mesure de l'apprentissage, et que les structures discursives prendront au contraire une importance croissante.* (Homburg, 1984, p. 102) [11]

---

9. T-unit : unité syntaxique minimale (voir *infra* 1.1.2.).
10. « when the descriptive measure becomes an instructional goal. »
11. « It is probable that the measures used in this study become less important as writing proficiency increases, and that discourse structures become more important. »

Ce souci de l'écrit-parole se retrouve chez Crowhurst (1980) dans une étude qui montre que taux de complexité syntaxique et jugements de qualité sont en corrélation dans les textes argumentatifs mais pas dans les textes narratifs, introduisant ainsi dans le débat les notions de type de texte et de fonction textuelle.

Dans une revue attentive des recherches sur la relation présumée entre indices syntaxiques et qualité en anglais L1, en particulier dans le contexte de l'entraînement à la combinaison de phrases, Hillocks (1986) signale une contradiction : bien que beaucoup d'études fassent état de corrélations positives entre qualité et complexité syntaxique au niveau des groupes, les corrélations individuelles n'atteignent jamais le seuil de signification. Hillocks en conclut que l'entraînement à la combinaison de phrases donne aux apprenants une connaissance des possibilités syntaxiques – un répertoire syntaxique – qui augmente leur « aisance » (en anglais «*facility*»). Une aisance accrue peut se manifester par des T-units plus courts pour un apprenant dont l'écriture s'améliore et par des T-units plus longs pour un autre dont le niveau reste le même, cas problématique décrit par Hake and Williams (1979). Selon Hillocks, il faut mettre l'accent sur l'aisance plutôt que sur la maturité, aisance dont l'acquisition nécessite sans doute le recours à des exercices « élargis » mettant en jeu la notion de discours (Hillocks, 1986, p. 150). Un pas vers l'écrit-parole dans le sens de la prise en compte de l'individu produisant un texte dans une situation particulière en entraîne un autre : l'adoption d'une pratique pédagogique du *discours*.

Un texte n'est pas qu'une suite de phrases

On peut s'insurger contre l'influence réductionniste des études sur la complexité syntaxique et de leurs retombées didactiques sur l'enseignement et l'évaluation de l'écrit : selon Zamel (1980), les prétendues améliorations n'ont de toute façon aucune pertinence pour la compréhension du processus d'écriture. Au fur et à mesure que s'affirme une vision élargie de l'écrit, la relation étroite entre complexité syntaxique et qualité perd davantage de sa crédibilité. C'est comme si les enthousiastes de la maturité syntaxique, se laissant aveugler par leur découverte, avaient pris une caractéristique de surface – la complexité syntaxique – pour l'essence du bien écrire. On peut également critiquer la circularité de l'argument qui est à la base de l'engouement pour la combinaison de phrases : si bien écrire c'est faire de longues phrases, en enseignant aux élèves à faire de longues phrases on leur enseignera à bien écrire.

Mais écrire, c'est produire des textes, et un texte n'est pas seulement une suite de phrases, quel que soit leur niveau de maturité syntaxique. Si la maturité syntaxique va de pair avec l'apprentissage de l'écrit, et par conséquent avec le progrès et le bien écrire, ce n'est pas parce que les phrases complexes sont une marque de qualité, mais parce que les stratégies d'écriture de haut niveau nécessitent une syntaxe complexe. J'ai décrit la complexité syntaxique comme une caractéristique de surface, il serait peut-être plus juste de la décrire comme un effet secondaire : les conceptualisations complexes, la hiérarchisation et la mise en relation des idées, ces caractéristiques d'une écriture accomplie, se réalisent dans les textes au moyen de relations syntaxiques complexes. La syntaxe se trouve donc impliquée non seulement dans les relations à l'intérieur de la phrase, mais aussi, et de façon essentielle, dans les relations entre phrases. Par conséquent, même si l'on rejette bon nombre des présupposés théoriques et épistémologiques des recherches sur la complexité et la maturité syntaxiques, celles-ci n'en fournissent pas moins des outils d'analyse utiles pour caractériser les écrits d'apprenants dans l'optique d'une linguistique du texte.

2.2. Évaluer l'écrit-parole

2.2.1. Erreurs en parole et évaluation

Parmi les travaux mentionnés dans la section précédente, consacrée à l'écrit-*langue*, nombreux sont ceux qui tentent cependant d'établir une corrélation entre des mesures objectives et des évaluations globales des textes ; la procédure d'évaluation elle-même n'appartenait donc pas strictement à l'écrit-*langue* : les textes étaient évalués à partir d'une appréciation globale, et non en tant que configurations de traits spécifiques en *langue*. On a vu également que les erreurs en *langue* – orthographe, morphologie – pouvaient être abordées dans une perspective de *parole* en termes de leur impact sur la lisibilité. On rencontre des exemples plus typiques de cette perspective dans les recherches sur les erreurs « discursives ».

Ainsi Nystrand (1979, 1982) analyse les erreurs dans des textes en L1 selon trois niveaux de relations fonctionnelles caractérisant le langage écrit : « déchiffrabilité »[12] (relations graphiques), lisibilité (relations syntaxiques et lexicales) et clarté (relations textuelles et contextuelles). En comparant les réactions de locuteurs natifs et non natifs à des erreurs d'apprenants à l'écrit en L2, Green et Hecht (1985) distinguent des erreurs de cohésion et des erreurs pragmatiques, ces dernières étant des erreurs dans la structuration des intentions ou des actes de parole.

Ces tentatives d'ouverture de la notion d'« erreur » à des catégories plus « fonctionnelles » sont encourageantes, mais également décevantes étant donné le flou des définitions. Comment éviter cette tendance, si bien décrite par Jakobovits en 1969 à propos des recherches sur le transfert, à savoir qu'il existe « *un schéma désormais familier dans les sciences humaines selon lequel l'exactitude scientifique est inversement proportionnelle au réalisme des préoccupations des chercheurs* » (Jakobovits, 1969, p. 57)[13] ? Il est souvent difficile d'échapper à la séduction d'observables nets et quantifiables, et de jauger de façon réaliste leur pertinence pour la compréhension d'un processus complexe comme la mise en texte. Cette observation ne remet pas en cause à mon sens le bien-fondé des études empiriques, mais souligne la nécessité d'une analyse des écrits qui s'appuie sur une solide base théorique.

2.2.2. Cohésion et évaluation

Il existe un courant de recherches qui parvient à conjuguer les perspectives *cognitiviste* et *pragmatique* sans perdre de vue la surface du texte : c'est celui introduit plus haut sous l'étiquette délibérément floue de linguistique du texte. Ici aussi, de même que dans le domaine de l'apprentissage (voir chapitre 1 *supra*), les travaux de Halliday et Hasan sur la cohésion (en particulier Halliday et Hasan, 1976 ; Hasan, 1984) sont le point de départ de nombreux travaux, particulièrement en L1, sur l'utilisation des procé-

---

12. « Déchiffrabilité » : néologisme rendu nécessaire par la distinction anglaise entre « *legibility* » et « *readability* ». Le troisième terme, que j'ai traduit par « clarté », est « *lucidity* ».
13. « a pattern now familiar in the social sciences whereby scientific exactitude is inversely proportional to realistic concerns. »

dés de cohésion dans les textes d'apprenants et sur la relation entre cohésion ainsi mesurée et qualité. Dans les premiers temps, il s'agit principalement d'analyses quantitatives
portant sur la densité d'éléments de cohésion. On en arrive
ensuite assez rapidement à une vision quelque peu sceptique
de l'importance de la cohésion ainsi définie pour la qualité
de l'écrit : Witte et Faigley (1981) et Tierney et Mosenthal
(1983) se fondent sur des analyses du nombre et des types
de « liens cohésifs » dans deux séries de textes d'apprenants,
les uns ayant été jugés bons, les autres mauvais par des évaluateurs professionnels, pour en arriver à la conclusion
qu'un texte peut être très cohésif sans pour autant être
cohérent ; Lintermann-Rygh (1985) compare le rôle de la
densité de connecteurs comme indice de qualité en L1 et en
L2 : selon elle, ce serait un assez bon indice en anglais L2
mais pas en norvégien L1... ; dans une étude portant sur les
meilleures et les plus mauvaises compositions produites par
un groupe d'étudiants de première année (L1), Neuner
(1987) observe que si la fréquence de liens cohésifs ne
semble pas pertinente, la longueur des « chaînes cohésives »,
elle, semble l'être.

À la recherche d'une description entre cohésion et qualité
à travers cette même notion de chaîne cohésive, Welyun
Yang (1989) introduit la notion d'*interaction entre les
chaînes* : le nombre de chaînes ne lui paraît pas pertinent,
mais leur articulation et d'une façon générale leur « gestion »
sont fondamentales. Dans un article critiquant les études à
orientation quantitative qui visent à corréler la qualité de
l'écrit et le nombre d'éléments de cohésion, Hartnett (1986)
formule une critique proche de celle que j'ai adressée plus
haut aux tenants de la complexité syntaxique :

> *La cohésion est un moyen pour arriver à une fin, non la fin
> elle-même. [...] Le succès de la prose d'un scripteur donné
> dépend de beaucoup plus que de l'utilisation heureuse de
> procédés de cohésion. Néanmoins ces traits et leurs utilisa-
> tions distinctes peuvent nous aider à décrire comment les
> lecteurs comprennent et comment les scripteurs contrôlent
> les structures textuelles qui expriment le développement rhé-
> torique dans le discours écrit.* (1986, p. 152)[14]

---

14. « Cohesion is a means to an end, not the end itself. [...] The success of
a writer's prose depends upon much more than successful use of any
cohesive devices. Nevertheless, these features and their distinct uses can
help us to describe how readers understand and writers control the textual
structures that express rhetorical development in written discourse. »

Elle s'efforce de définir une catégorisation de procédés de cohésion qui soit pertinente pour l'évaluation et la didactique de l'écrit ; elle distingue en particulier des liens statiques, qui relient des segments de textes entre eux, et des liens dynamiques, qui font avancer la logique du discours.

2.2.3. Cohérence et évaluation

C'est en fait le rapport entre cohésion et cohérence qui est en jeu, et certains auteurs choisissent d'escamoter la notion de cohésion, pour aborder la cohérence par d'autres moyens. Ainsi, pour ses analyses de textes en L1, Bamberg (1984) utilise une « *échelle de cohérence holistique* », qui l'amène à conclure à l'existence d'une forte corrélation entre cohérence et qualité (évaluation globale). Son échelle de cohérence comprend : identification du thème, orientations, organisation des détails selon un plan discernable, utilisation de liens de cohésion et « clôtures ». Ces aspects de la *textualité* me paraissent être ceux qu'il faut en effet prendre en considération, mais pour qu'une échelle de ce type soit utilisable, il faudrait avoir une idée beaucoup plus précise des procédés utilisés lors de leur réalisation textuelle dans différentes langues. Parmi les travaux cherchant à se donner les moyens d'évaluer la cohérence, citons Connor et Lauer (1985) – une analyse approfondie de cent textes (anglais L1) en termes de cohérence, cohésion, caractéristiques syntaxiques et effets de persuasion ; Lindeberg (1985) – un modèle pour l'analyse du niveau d'abstraction à partir de caractéristiques concrètes des textes (L2) ; et Wikborg (1985) – une approche des problèmes de structuration thématique, en particulier celui du thème non spécifié, dans des rédactions en L2.

C'est également la notion de *thème* qui fournit le principe directeur d'une étude de Witte (1983b) où deux séries de rédactions en L1 – les mieux et les plus mal notées – sont analysées du point de vue de leur structure thématique. Son instrument d'analyse, fondé sur les théories du *thème* et de la *dynamique du texte* élaborées par l'École de Prague, est en deux parties : d'abord une classification en cinq types de phrases (d'après Lautamatti, 1978a et b), qui permet de représenter les choix thématiques au niveau des phrases, suivie d'une analyse des procédés utilisés pour transporter des éléments thématiques de phrase en phrase et pour lier les phrases entre elles de manière à construire un texte cohérent. Selon ses résultats, les meilleurs textes comportent des *thèmes* moins nombreux, qui sont développés sur un plus grand nombre de phrases successives, observations corroborées par l'étude plus récente de Hult (1986). C'est cette *continuité thématique* qui contribuerait à donner au texte ces qualités de cohérence et de transparence récompensées par les bonnes notes.

La notion de *thème* qui sous-tend les travaux de Couture (1985) et de Peters (1986) est issue des travaux de Halliday (1967-1968). Selon Peters la qualité du développement thématique est en corrélation étroite avec l'utilisation de ce qu'elle nomme « procédés d'évaluation », qui reflètent des stratégies d'interprétation et de classification du contenu « idéationnel » (idées, arguments) pour arriver à une évaluation de ce contenu. C'est-à-dire que les meilleurs textes sont ceux où le scripteur domine clairement le contenu idéationnel et l'intègre dans une structure qui, par ses objectifs et son insertion dans une situation de discours, dépasse ce contenu.

Les recherches qu'on vient de passer en revue font du *thème* le principe fondamental de l'organisation textuelle et, par conséquent, de la cohérence. C'est peut-être trop demander à cette notion que de vouloir en faire dépendre la structure du texte dans son ensemble. Il existe un autre courant en linguistique textuelle, peut-être plus pertinent pour les travaux sur l'évaluation : dans ce courant le texte est considéré avant tout comme interaction ; son organisation repose sur sa *structure rhétorique* et sur la manière dont elle se manifeste au travers de propositions ou de prédications rhétoriques. Les recherches sur la *structure rhétorique* peuvent être situées dans un continuum allant du cognitif (Meyer, 1975, 1985) au linguistique (Winter, 1982 ; Hoey, 1983 ; Mann et Thompson, 1988a et b), en passant par des travaux intermédiaires (Van Dijk, 1980, 1983).

Dans une optique quantitative, Jacobs (1981) conclut à partir d'une étude comparative de textes en L1 et L2 (étudiants en biologie) qu'une forte densité de prédications rhétoriques (signalant des relations de contraste, de cause, d'exemplification, etc.) est en rapport direct avec la qualité des textes (voir aussi chapitre 3 *infra*). Pour Hult (1986), il existe une relation étroite entre une note élevée (attribuée par un évaluateur qualifié) et un cadre organisationnel clairement indiqué dans le texte. O'Brien (1987) examine comment des étudiants en psychologie annoncent (en anglais L1) la structuration de leur texte. Golden, Haslett et Gauntt (1988) analysent des résumés (anglais L1) dans le triple but d'élaborer un modèle pour l'analyse des textes, d'explorer les différences qualitatives entre les résumés, et d'évaluer la relation entre les résumés et le texte original. Le système ainsi élaboré, prenant comme base théorique les travaux de Van Dijk (1980, 1983) et de Meyer (1975, 1985), montre comment les meilleurs résumés identifient correctement la macrostructure du texte de départ, organisent les éléments retenus du texte en fonction de cette macrostructure et utilisent des structures rhétoriques plus diversifiées. Dans une analyse de textes produits en L1 et L2 par les mêmes étudiants, j'ai moi-même cherché à mettre en relation *structure rhétorique, cohérence* et *lisibilité* (Péry-Woodley, 1989 ; voir 2ᵉ partie, chapitre 3, et 3ᵉ partie, chapitre 2).

2.2.4. Lisibilité et évaluation

Les travaux sur le rapport entre *structure du texte* et *qualité* sont proches d'un autre domaine, dont la relation avec les travaux sur l'évaluation est évidente mais peu exploitée : les recherches sur la lisibilité. Là où Witte (1983b), dans l'étude résumée plus haut (2.2.3.), fait référence à la lisibilité, c'est pour signaler la contradiction entre ce qui ressort des travaux sur la complexité syntaxique et les principes des formules de lisibilité : alors que Hunt et les adeptes de la complexité syntaxique envisagent l'allongement des phrases comme un signe de progrès, et par conséquent de qualité, les formules de lisibilité « classiques » (Dale et Chall, 1948 ; Flesch, 1949) accordent les meilleurs scores aux textes rédigés en phrases courtes. Le corpus de Witte semble aller plutôt dans le sens des formules de lisibilité : les meilleurs textes sont écrits en T-units légèrement plus courts que les autres. Cela dit, les formules « classiques » comme celles citées ci-dessus sont communément considérées aujourd'hui comme excessivement simplistes et peu utilisables dans le cadre des recherches sur l'écrit (voir les critiques de Davison et autres, 1980 ; et de Bruce, Rubin et Starr, 1981) ; elles continuent cependant à fournir une série de principes d'analyse formant la base de jugements stylistiques facilement applicables pour des logiciels d'analyse et de correction de textes (voir 4ᵉ partie, 3.3.).

Signalons enfin des recherches sur la lisibilité qui présentent un intérêt réel pour l'étude de l'écrit, et dont la valeur en didactique n'a pas encore été suffisamment appréciée ; il s'agit de travaux qui reprennent la problématique pragoise de la répartition de l'information dans la phrase. Les travaux de Vande Kopple (1982a et b, 1986) et de Kieras (1978 ; Kieras et Just, 1984 ; voir aussi Nystrand, 1979) tiennent compte de la nature interactive et dynamique de la lecture, négligée par les travaux plus anciens : en examinant comment la structuration de l'information dans la phrase – en particulier la répartition du *connu* et du *nouveau* – influence certains aspects fondamentaux de la lecture tels que l'identification du thème, ces recherches établissent une relation importante entre l'étude de la lisibilité et celle de la cohérence.

En conclusion, pour que l'analyse des textes d'apprenants soit utile au plan linguistique comme au plan fonctionnel, elle se doit de prendre comme « objet » des textes entiers en situation et de se donner les moyens d'étudier les éléments qui entrent réellement en jeu dans la communication écrite. Cela implique un cadre d'analyse susceptible de repérer certains des procédés qui permettent au scripteur de construire un texte et qui permettent au lecteur de construire du sens à partir d'un texte. Beaucoup de ces procédés sont sans doute spécifiques de types de textes particuliers et dépendent par conséquent de facteurs contextuels, ce qui donne une importance particulière à la notion de typologie de textes, sur laquelle nous reviendrons dans la deuxième partie. On peut aussi s'attendre à ce qu'ils varient de langue en langue, en fonction de données linguistiques – matériaux de construction différents – et culturelles – « patrons » ou « schémas » différents.

3

L'écrit de langue
en langue

En matière linguistique comme en matière d'usages sociaux, rien ne vaut le dépaysement pour mettre en évidence la relativité des formes. Et pour l'écrit cela vaut au niveau du texte aussi bien qu'à celui de la phrase. La fameuse structure en trois parties – Thèse-Antithèse-Synthèse –, qui fait la fierté de la dissertation « à la française », n'entretient pas de relation plus privilégiée avec une logique de la pensée hors du temps et des cultures que la structure Sujet-Verbe-Objet au niveau phrastique. Il existe d'autres façons de structurer une argumentation, tout comme il existe d'autres façons d'ordonner les constituants principaux de la phrase. Au niveau du texte, les règles sont sans doute plus fluides et plus changeantes, mais la démarche contrastive conserve les avantages qu'elle présente en syntaxe. La comparaison est une pratique inégalée pour échapper à l'illusion du « naturel » et arriver par conséquent à une compréhension profonde des caractéristiques textuelles et des processus de construction des textes qui les sous-tendent. C'est cette compréhension qui doit constituer la base d'une pédagogie « raisonnée ».

Pourtant il existe peu d'études en didactique de l'écrit qui adoptent une démarche comparative ou contrastive, et encore moins dans ce qu'on a appelé l'écrit-*parole*. Ce chapitre présente une sorte de plaidoyer pour un type d'approche dont l'intérêt me paraît dépasser le cadre traditionnel de la didactique des langues étrangères. Les deux premières sections se situent dans ce cadre et se concentrent sur les recherches qui comparent les productions interlinguistiques avec la « langue-cible » d'abord (3.1.), et ensuite avec la langue maternelle des apprenants (3.2.). La troisième section concerne les recherches contrastives proprement dites, non pas dans le domaine où elles se sont fait connaître dans les années 1960 – la syntaxe – mais dans le cadre de l'écrit-parole :
– la pragmatique contrastive,
– la rhétorique contrastive,
– la linguistique du texte contrastive.

Les études contrastives présentent en principe une défense et une illustration des approches empiriques dans ce qu'elles peuvent avoir de plus décapant et de plus rafraîchissant. C'est ce que l'on trouve par exemple dans l'accusation d'ethnocentricité formulée par Wierzbicka à l'égard de la théorie des actes de parole (3.3.2. *infra*) : là où, sur la base d'observations monolingues, on risque de s'emballer et de déraper vers un modèle englobant, cohérent mais sans doute simpliste, la perspective contrastive, qui passe nécessairement par l'analyse de données, aide à redresser le tir. Cependant on verra également que c'est un domaine où il existe peu d'analyses approfondies et systématiques. Alors, chercheurs, à vos corpus ! Certaines raisons – bonnes et moins bonnes – pouvant expliquer cette pauvreté d'études empiriques seront proposées dans le cours du chapitre.

3.1. Comparaisons : interlangue/langue cible

Il existe peu d'études comparant les productions linguistiques de locuteurs natifs et non natifs d'une même langue dans une situation donnée. Quand Van Naerssen (1980) se demande si l'espagnol L2 et l'espagnol L1 se ressemblent [15], la question me paraît bien venue : malheureusement son étude se limite à l'ordre d'acquisition de certaines structures grammaticales en espagnol L1 et L2. D'autres chercheurs se sont posé des questions du même ordre dans des domaines plus pertinents : Scarcella (1983) compare des productions écrites en anglais d'étudiants locuteurs natifs et non natifs de première année dans une université américaine, où ils reçoivent un enseignement spécifique de l'écrit. Son étude se concentre sur les *orientations* dans des textes explicatifs. Elle utilise le terme *orientation* dans le sens défini par Labov (1972, 1982) : un élément servant à développer ou à expliquer une information qui annonce la suite et prépare le lecteur. Les scripteurs non natifs ont, d'après elle, tendance à

---

15. Le titre de l'article est : « How similar are Spanish as a first language and Spanish as a foreign language ? »

rédiger des orientations plus longues mais moins efficaces, surtout en ce qui concerne l'aptitude à retenir l'attention du lecteur. Pour Scarcella, le problème est avant tout culturel : les scripteurs natifs ont une meilleure connaissance de leurs lecteurs – enseignants également natifs – et sont par conséquent mieux à même de deviner ce qui les intéresse et de formuler les orientations appropriées pour établir le contact. Son article est un plaidoyer pour le développement de deux domaines de recherches : il faudrait étudier d'une part la façon dont les orientations fonctionnent dans la langue maternelle des apprenants, de façon à mieux comprendre le rôle du transfert dans la production de textes, et d'autre part l'impact de la familiarisation culturelle avec le public visé. C'est là un point de vue intéressant, mais peut-être excessivement centré sur les aspects culturels au détriment des notions de compétences linguistique et textuelle.

Jacobs (1981) n'a pas pour objectif de comparer des textes en anglais L1 et L2, mais elle utilise la comparaison comme une méthode parmi d'autres dans sa recherche de critères objectifs pour mesurer la cohérence (qu'elle nomme « connectivité rhétorique »). Selon elle, les meilleurs textes seraient caractérisés par une forte densité de prédications rhétoriques ainsi que par l'intégration réussie des prédications sémantiques et rhétoriques, c'est-à-dire des prédications « de contenu » et des prédications « de structure ». Elle donne des exemples de textes d'étudiants en biologie, natifs et non natifs, analysés en ces termes [16]. Pour les textes en L2 – généralement parmi les plus mauvais – le problème serait dû au fait que les scripteurs non natifs ne connaissent pas les règles de construction des différents types de textes en anglais. À leur compétence grammaticale ne correspond pas une compétence textuelle équivalente. Son enseignement nécessite en effet une prise de conscience de l'existence de différences et une certaine connaissance de leur nature, ce à quoi on ne peut arriver que par une rhétorique contrastive.

On peut envisager trois cas de figure pour interpréter les résultats de l'étude de Jacobs ; les « mauvais » textes en L2 sont produits :
– soit par des scripteurs immatures, et cette immaturité se manifeste en L1 comme en L2 ;

---

16. Cette étude a déjà été brièvement mentionnée au chapitre précédent (section 2.4.), et nous y reviendrons à nouveau dans le chapitre consacré à la structure rhétorique (voir 2e partie, chapitre 3).

– soit par des scripteurs compétents mais handicapés par leur maîtrise insuffisante de la langue étrangère, qui les empêche d'appliquer leur savoir-faire textuel ;
– soit par des scripteurs compétents en L1, mais les règles de construction textuelle différant en L1 et L2, cela entraîne des interférences.

Pour évaluer ces cas de figure, il est nécessaire de comparer des textes produits par les mêmes scripteurs en L1 et L2 et des textes natifs comparables dans les deux langues.

Avant de passer à ces autres démarches comparatives (3.2. et 3.3.), on peut encore citer deux études contrastives interlangue/langue cible. Connor et McCagg (1983) examinent l'impact de schémas rhétoriques différents en L1 (ici le japonais et l'espagnol) et leur éventuel transfert dans des paraphrases de textes explicatifs (en anglais). Au moyen d'une analyse des contenus propositionnels, ils procèdent à une comparaison des paraphrases en anglais L2 avec les textes originaux et avec des paraphrases en anglais L1. Les scripteurs non natifs semblent faire preuve de moins d'indépendance par rapport à la structure et à l'ordre des propositions dans l'original que les natifs, mais aucun schéma d'organisation attribuable à l'appartenance culturelle n'est observé. On peut reprocher aux auteurs de ne proposer aucune justification de leur méthode, et d'avoir posé au départ comme seule hypothèse le transfert possible de schémas rhétoriques non identifiés. Par ailleurs, ils ne font pas référence aux recherches en rhétorique contrastive japonais/anglais ou espagnol/anglais. De façon à se donner des bases plus solides, les études fondées sur le transfert rhétorique de L1 à L2 doivent tenir compte de ces différents domaines, et on pourrait même considérer les recherches en rhétorique contrastive comme un préliminaire nécessaire à toute étude du transfert rhétorique.

Dans une étude récente, Parsons (1990) analyse des textes en anglais L1 et L2 dans le cadre de la notion d'harmonie cohésive élaborée par Hasan (1984). Il explique que les textes en L1 reçoivent de meilleures notes [17] du fait de la plus grande fréquence de certains types de liens cohésifs et de chaînes cohésives. Bien qu'on puisse émettre certaines réserves quant à l'approche adoptée, l'étude présente l'inté-

---

17. Les douze « informateurs » chargés de l'évaluation avaient tous fait des études supérieures mais n'étaient des spécialistes ni du domaine scientifique ni de l'enseignement de l'écrit.

rêt de passer par une analyse systématique d'un corpus de textes produits dans les mêmes conditions en L1 et L2. Son objectif premier n'est pas cependant de comparer interlangue et langue cible, mais plutôt de démontrer le rôle de la cohésion dans la cohérence. Nous reviendrons sur cette question dans la deuxième partie.

La comparaison de textes en « interlangue » et en langue cible est un domaine injustement négligé : l'examen des procédés utilisés par des natifs et des non-natifs pour construire un texte pourrait mettre en lumière des phénomènes d'apprentissage et fournir des données à la didactique de l'écrit.

3.2. Comparaisons : interlangue/langue maternelle

3.2.1. Quels transferts de L1 à L2 ?

La plupart des études comparant des productions écrites en L1 et L2 font état de transferts de stratégies – transfert positif ou transfert négatif – de L1 vers L2. Ainsi Linnarud (1977) observe qu'on retrouve en L2 les déficiences stylistiques identifiées en L1. Les travaux de Wiese (1984) et de Clarke (1979, repris par Gaonac'h, 1990), bien qu'ils ne portent pas directement sur l'écrit, sont également pertinents ici : Wiese examine les hésitations, les pauses, les répétitions et les corrections lors de productions orales et signale des différences quantitatives mais non qualitatives entre L1 et L2. Dans une étude portant sur les stratégies de lecture d'adultes hispanophones en anglais L2, Clarke cherche à identifier l'importance respective des techniques de lecture en L1 (transférées) et de la compétence linguistique en L2. Les techniques de lecture en L1 semblent bien être transférées en L2, mais l'insuffisance des connaissances linguistiques en L2 peut provoquer des « effets de courts-circuits » chez de bons lecteurs, les forçant à régresser vers de mauvaises stratégies de lecture. Pour Clarke, les bonnes techniques de lecture reposent sur des procédés tels que la formulation d'hypothèses et leur vérification ou leur rejet, procédés qu'il considère comme universels. On peut se demander s'il en est de même des bonnes techniques d'écriture et si elles entrent dans le même type d'interaction avec la compétence linguistique.

Edelsky (1982) compare des productions écrites en L1 et L2 par des élèves du primaire dans des programmes bilingues. Les jeunes sujets de son étude transfèrent systématiquement leur savoir-faire de L1 vers L2. Mais ces enfants ne peuvent pas être considérés comme « mûrs » en ce qui concerne la compétence textuelle. Jones et Tetroe (1984) cherchent, comme Clarke (1979), à différencier techniques d'écriture et compétence linguistique, et ce au moyen d'une observation des processus de composition. Les sujets – des hispanophones diplômés de l'enseignement supérieur suivant un cours d'anglais intensif avant d'entreprendre des études de doctorat dans une université anglophone – ont produit des textes dans les deux langues et ont enregistré pendant la production un monologue dans lequel ils s'efforçaient de penser à haute voix (« protocole verbal », voir 1.2.4. *supra*). Pour les auteurs, les sujets procèdent par transfert de L1 à L2. Ils se sont intéressés en particulier à la phase de planification du texte, peut-être la moins influencée par la compétence linguistique en L2. Ils ont remarqué que les sujets planifiaient de façon moins détaillée en L2, ce qui les rapprochent des enfants « novices » (par opposition aux « experts ») en L1 (voir aussi Gayoux, 1989, Piolat et autres, 1989, cités par Espéret, 1990).

3.2.2. Forme et fonction dans les transferts L1-L2

Si les apprenants transfèrent des techniques de haut niveau telles que la planification ou la formulation et la vérification d'hypothèses pour la lecture, dans quelle mesure ce transfert L1-L2 s'applique-t-il aux procédés de construction de textes ? Comme la plupart des recherches sur l'interlangue et sur le transfert sont étroitement centrées sur la *langue*, cette question reste sans réponse. Il faut cependant citer l'étude de Schachter et Rutherford (1979), qui cherche justement à élargir la notion de « transfert ». Elle porte sur des Chinois et des Japonais apprenant l'anglais et montre comment une forme de L2 peut être utilisée d'une façon « correcte » mais inappropriée, pour accomplir une fonction appartenant à L1. Les auteurs remarquent, par exemple, que leurs apprenants japonais ont tendance à se servir de constructions extraposées en anglais pour introduire des constatations générales destinées à servir de cadre à des thèmes à venir et que les sujets sinophones utilisent des constructions existentielles anglaises de façon quasi systématique pour introduire de nouveaux référents pouvant fournir de nouveaux thèmes. Ils invitent les chercheurs à se pencher sur cette forme subtile de transfert, qui consiste à rattacher à une forme en L2 une fonction de L1. J'ai moi-même eu l'occasion de constater des « effets pervers » comparables dans l'utilisation de « on » par des anglophones qui y voient un substitut du passif anglais (voir 3ᵉ partie, 1.3.).

Parler de transfert présuppose que écrire en L2, c'est essayer de faire la même chose qu'en L1 avec des moyens linguistiques différents. Simplification sans doute abusive : Arditty et Lambert (1990) comparent la structuration rhétorique de textes argumentatifs en français L1 et anglais L2 (produits par les mêmes scripteurs) et expliquent les différences par une modification du rapport à la construction de l'objet du discours plutôt que par les moyens linguistiques disponibles.

3.3. Analyses contrastives

3.3.1. Analyse contrastive « classique »

La comparaison de deux langues « natives » est ce que l'on entend généralement par analyse contrastive, et il existe une somme considérable de travaux contrastifs en didactique des langues. Je ne ferai cependant que mentionner les objectifs initiaux et la démarche de l'analyse contrastive « classique », puisque les travaux s'en réclamant sont pour la plupart fermement axés sur la *langue* à l'exclusion de la *parole*. On se souvient de l'hypothèse originelle de l'analyse contrastive, dans sa formulation « forte » (Lado, 1957) : étant donné que l'apprentissage de L2 est principalement déterminé par la structure de L1, les structures de L2 coïncidant avec des structures de L1 seront apprises sans peine grâce au transfert positif, alors que les structures contrastantes poseront des problèmes d'apprentissage et provoqueront des erreurs dues au transfert négatif. On devrait donc pouvoir prédire les erreurs à partir d'une analyse contrastive des deux langues.

L'analyse contrastive n'a plus aujourd'hui le prestige de ses débuts, de l'époque où l'on a élaboré des grammaires contrastives – d'abord structurales, puis génératives-transformationnelles – pour un nombre considérable de paires de langues.

L'hypothèse contrastive « forte », excessive, puisqu'elle fait du transfert le processus principal de l'apprentissage (voir la critique de Giacobbe, 1990), a fait place à une vision moins simpliste et à une formulation « affaiblie », dans laquelle l'hypothèse contrastive est réduite à une hypothèse explicative, et non plus prédictive, qui cherche seulement à rendre compte de certaines erreurs dans l'apprentissage d'une langue seconde (Wardaugh, 1970). Pour James (1980), c'est aller trop loin dans la remise en question de l'analyse contrastive : il prône une hypothèse prédictive réduite, c'est-à-dire intégrée dans une approche plurielle de l'apprentissage, dans laquelle le transfert est considéré comme un processus parmi d'autres. Il existe également une longue et fertile tradition d'études contrastives visant à l'établissement d'universaux linguistiques, mais ces études descriptives ont tendance à se situer strictement dans une optique *langue*. Le développement de la pragmatique linguistique et des linguistiques du discours en général donne maintenant naissance à de nouvelles formes d'analyse contrastive qui se trouvent regroupées ici sous trois rubriques : pragmatique contrastive, rhétorique contrastive et linguistique du texte contrastive.

3.3.2. Pragmatique contrastive

Deux filières distinctes sont réunies sous ce titre, toutes deux inspirées par le rapide progrès des linguistiques de la parole pendant les années 1970. La première, que l'on pourrait baptiser analyse contrastive de discours si le terme « discours » ne recouvrait pas des sens excessivement divers, est issue des travaux en ethnographie de la communication et des analyses du discours parlé (en particulier Sinclair et Coulthard, 1975). La seconde, la pragmatique contrastive proprement dite, a pour objet les *actes de parole*, dans le cadre élaboré par Austin (1962) puis Searle (1971), et leur réalisation dans des communautés linguistiques différentes. Il semble légitime de les regrouper dans la mesure où les analystes du discours étudient, semble-t-il, les discours en tant que réalisation d'actes de paroles, tandis que les pragmaticiens décrivent les actes de paroles, réalisés dans les discours en situation.

Analyses de discours

Vers la fin des années 1970, le projet contrastif finnois-anglais constitue le point de départ d'une réflexion sur la démarche contrastive en affirmant que :

Les systèmes [des deux langues] devront être comparés dans des contextes pertinents de façon à permettre des observations quant aux paramètres qui influencent l'intelligibilité des messages en situation de communication. (Sajavaara, 1977)[18]

De nombreuses analyses du discours parlé, axées le plus souvent sur les petits mots d'hésitation et d'enchaînement de la conversation, ont été depuis menées en Allemagne (House, 1980 ; House et Kasper, 1981 ; Faerch et Kasper, 1984). Ces études étaient principalement motivées par des considérations didactiques dans la mouvance des pédagogies « communicatives » : identifier les réalisations d'un acte de parole donné en L1 et L2 représentait un préalable nécessaire à l'élaboration d'un programme communicatif. House a publié depuis des travaux sur la méthodologie de l'analyse contrastive (House, 1984), sur les universaux discursifs (House, 1985) et sur la traduction (House et Blum Kulka, 1986).

« *Quand dire c'est faire...* »

Définir la seconde filière, la pragmatique contrastive proprement dite, est ce que tente de faire Fillmore (1984). Partant d'une définition de la pragmatique linguistique et d'une distinction entre différences systématiques et différences particulières dans les pratiques pragmatiques de communautés linguistiques distinctes, Fillmore plaide pour une pragmatique contrastive qui tiendrait compte de tous les aspects de la situation : attitude du locuteur, relation entre locuteur et interlocuteur, objectifs discursifs, cadre institutionnel, position d'un acte de parole donné dans le contexte discursif, présuppositions concernant les connaissances partagées par les participants, etc. Il propose ensuite, en guise d'illustration de la démarche proposée, une analyse plutôt rapide de formules de conversation en anglais et de particules modales en allemand. Cet article, de l'aveu même de l'auteur, est avant tout programmatique et illustratif, et ne propose pas d'analyse contrastive à proprement parler.

Ce niveau de généralité, inévitable dans un domaine nouveau qui cherche à se définir, caractérise la plupart des travaux en pragmatique contrastive. Pourtant l'approche contrastive devrait s'avérer particulièrement précieuse pour la pragma-

---

18. « The systems [of the two languages] will have to be brought side by side in relevant contexts for making observations on parameters which affect the intelligibility of messages in communicative situations. »

tique car elle permet de relativiser les grandes théories en les situant fermement dans leurs contextes culturels spécifiques. Wierzbicka par exemple dénonce l'ethnocentrisme de certaines théories des actes de parole, qui «*traitent les conventions de conversation anglo-saxonnes comme s'il s'agissait du "comportement humain" en général*» (1985, p. 146). Comme Fillmore, Wierzbicka s'intéresse à la réalisation d'actes de parole particuliers dans le discours oral, et bien qu'elle fournisse des exemples en polonais, en anglais australien et en anglais (elle ne distingue pas anglais britannique et américain, mais la plupart des études qu'elle qualifie d'ethnocentriques sont américaines), il ne s'agit pas d'une analyse de corpus à proprement parler, mais uniquement d'illustrations de son exposé. Riley (1981) dresse également un plaidoyer pour une pragmalinguistique contrastive, encore une fois centrée sur le discours oral, et surtout sur la fonction illocutoire des comportements non verbaux. Blum-Kulka (1982) signale le caractère plus direct des requêtes en hébreu comparé à ce qui paraîtrait acceptable à des anglophones, et elle souligne les conséquences pédagogiques de ces différences.

Erreur pragmatique

Si j'ai mentionné ces recherches qui ne portent pas sur l'écrit, c'est qu'elles représentent les fondements sur lesquels se sont élaborées des notions particulièrement pertinentes en didactique : les notions d'*erreur pragmatique* et d'*équivalence pragmatique*. À la suite de House et Kasper (1979), Olesky (1984) prédit que les apprenants d'une langue étrangère, qui connaissent peu ou mal les restrictions socioculturelles et les facteurs pragmatiques gouvernant l'utilisation d'une stratégie particulière pour l'accomplissement d'un acte de parole, risquent de rencontrer des difficultés d'acquisition de la compétence pragmatique, difficultés qui se manifesteront par des erreurs pragmatiques. Thomas (1983) rejette le terme d'erreur pragmatique parce que la nature des règles pragmatiques ne permet pas de juger la force pragmatique d'un énoncé comme «fausse» : elle propose le terme «échec pragmatique» pour ces cas d'incompréhension du «vouloir dire» d'un énoncé, qu'elle situe le long d'un continuum allant du pragmalinguistique pur (lié à la langue) au sociopragmatique pur (lié à la culture). La notion d'erreur pragmatique fait cependant son chemin et influence la conception de l'erreur, comme le montre la définition suivante :

> *Les énoncés ou parties d'énoncés qui sont inacceptables ou inappropriés de quelque façon en fonction des normes de la*

> *langue cible par rapport à l'intention de communication du locuteur non natif, et qu'il a tendance soit à ne pas savoir corriger spontanément soit à répéter* [19]. (Haden, 1987, p. 138)

Selon ces auteurs, des analyses contrastives pourraient permettre de prédire ces erreurs. Mais la nature illustrative des données qu'ils présentent est symptomatique d'un problème fondamental en pragmatique : où s'arrête la liste des actes de parole ? L'examen détaillé des réalisations linguistiques d'un tout petit nombre d'actes de parole très spécifiques considérés comme universels (requêtes, salutations, excuses, etc.) permet l'adoption d'une approche contrastive étroite en l'absence d'une description pragmatique complète des deux environnements linguistico-culturels (tâche évidemment impossible !). Il existe une autre démarche possible, potentiellement plus productive, qui consiste à donner à des sujets appartenant à des communautés linguistico-culturelles différentes une tâche discursive complexe – on en proposera des exemples dans la troisième partie. Une condition nécessaire à ce type d'étude est que la tâche en question existe de façon identifiable dans les deux communautés : d'une façon générale, la possibilité d'isoler des unités pragmatiques pour les comparer et pour identifier des cas d'erreurs pragmatiques dépend de l'existence d'une *équivalence pragmatique*.

Équivalence pragmatique

La notion d'*équivalence pragmatique* est développée dans deux articles (Olesky et Krzeszowski, 1984, présentés dans le cadre de la « Charzykowy Conference on Contrastive Projects », 1980). Olesky donne la définition suivante de ce qu'il considère comme une notion-clé pour les études contrastives du discours (et non plus de la forme linguistique) :

> *Une expression linguistique X1L1 est pragmatiquement équivalente à une expression linguistique X2L2 si X1 et X2 peuvent être utilisés pour accomplir le même acte de parole en L1 et L2 respectivement.* (Olesky, 1984, p. 360) [20]

---

19. « Utterances and parts of utterances which are unacceptable or inappropriate in some way in terms of the target language norms in relation to the foreign speaker's intention, and which he either cannot correct spontaneously or which he is liable to repeat. »

20. « A linguistic expression X1L1 is pragmatically equivalent to a linguistic expression X2L2 if both X1 and X2 can be used to perform the same speech act (SA) in L1 and L2. »

Krzeszowski considère la notion d'équivalence pragmatique comme la solution au vieux problème des études contrastives, celui de l'existence d'un *tertium comparationis*. Mais la définition est circulaire, comme le démontre Janicki (1985), qui propose une définition fondée sur une conception des actes de parole plus sensible au rôle de l'interlocuteur dans la communication : une expression linguistique peut fonctionner comme un acte de parole particulier dans une situation particulière (avec un interlocuteur particulier). Il affine la définition d'Olesky comme suit :

> *L'existence d'une équivalence pragmatique entre X1L1 et X2L2 pourrait être envisagée comme signifiant que X1L1 et X2L2 peuvent fonctionner comme des actes de parole correspondants dans des contextes comparables.* (Janicki, 1985, p. 24) [21]

Il ajoute ensuite que « *c'est précisément pour la définition des contextes comparables qu'on a besoin d'une théorie pragmalinguistique* » : vision plus subtile et plus convaincante, mais qui n'a rien de réconfortant pour les chercheurs désirant se lancer immédiatement dans des études contrastives. J'ai déjà signalé que les données analysées (de façon purement illustrative) dans les travaux de pragmatique contrastive étaient principalement du discours oral. La situation du chercheur travaillant sur l'écrit est sans doute plus favorable, grâce aux contraintes qui pèsent sur la communication écrite, grâce en particulier à l'impossibilité pour les participants de négocier le sens et les objectifs du discours, au contraire de ce qui se passe dans la conversation. Il existe par ailleurs pour l'écrit un autre champ de recherches appartenant à une tradition apparentée mais distincte : la rhétorique contrastive.

3.3.3. Rhétorique contrastive

Les schémas d'organisation rhétorique de Kaplan

C'est certainement l'article de Kaplan (1966), très critiqué depuis, qui a donné son premier élan à la recherche en rhétorique contrastive. Écrit avant la « révolution de l'erreur » (Corder, 1967, voir 1.1.1. *supra*), à une époque où le trans-

---

21. « The existence of PE between X1L1 and X2L2 could be taken to mean that X1L1 and X2L2 can function as a corresponding speech act in comparable contexts. »

fert était considéré comme un phénomène principalement négatif et où on n'avait pas encore pris conscience du rôle de l'erreur dans l'apprentissage, l'article examine le transfert (négatif) de schémas d'organisation rhétorique de L1 dans des rédactions en anglais L2. Kaplan identifie cinq types de « mouvements de paragraphes » pour cinq groupes de langues et propose les représentations suivantes :

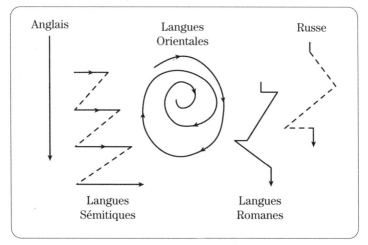

(d'après Kaplan, 1966, p. 15)

Critiques du modèle de Kaplan

Ces représentations, ainsi que les adaptations et les applications naïves qui ont été faites ensuite par certains chercheurs et didacticiens, ont été critiquées par plusieurs auteurs (Hinds, 1983 ; Matalene, 1985 ; Mohan et Au-Yeung Lo, 1985). Je vais reprendre les trois critiques formulées par Hinds (1983) :
– Le modèle de Kaplan est fondé sur l'examen non pas de textes rédigés dans les langues en question, mais de rédactions produites en anglais L2 par des locuteurs de ces langues, qui ne reflètent pas nécessairement l'organisation textuelle en L1 ;
– Hinds rejette l'étiquette « langues orientales » qui regroupe des langues appartenant à des familles tout à fait distinctes ;
– enfin, il souligne le caractère ethnocentrique de la représentation, apparent dans la ligne droite censée représenter l'organisation du paragraphe en anglais (voir la relation chère à nos prescriptivistes entre clarté de la pensée et clarté de l'expression : « ce qui se conçoit bien... »).

À l'actif de Kaplan, il faut rappeler que son article porte sur l'organisation non pas de textes entiers, mais – de façon plus modeste et plus réaliste – de paragraphes ; en revanche, son étude est un amalgame opaque d'approches distinctes (que j'appelle ici respectivement « comparatives » – interlangue *vs* L1 – et « contrastives » – deux langues « natives »). J'ai eu l'occasion de vérifier dans une université américaine l'effet pernicieux des schémas reproduits ci-dessus chez un étudiant sinophone, qu'il fallait constamment rassurer sur la forme de ses *essays* – le schéma de Kaplan était reproduit dans son manuel – et qui semblait consacrer toute son énergie à dérouler cette spirale imaginaire pour en faire une flèche tout aussi imaginaire...

Les lecteurs de langues romanes rejetteront peut-être aussi la généralisation les concernant : les ressemblances sur le plan du système de la langue (évidentes par exemple entre le français et l'espagnol) n'entraînent pas nécessairement des ressemblances sur le plan de l'organisation des textes, où interviennent les traditions scolaires et universitaires ; ainsi les trois temps de la dissertation française classique ne font absolument pas partie des stratégies d'écriture d'hispanophones latino-américains. La critique de Hinds peut être étendue au plan sociolinguistique : les facteurs culturels, par exemple ce qui est perçu comme une forme linguistique ou une attitude rhétorique valorisée, ou simplement ce qui est enseigné à l'école – facteurs qui n'ont rien à voir avec des regroupements linguistiques – ont probablement une influence plus déterminante sur l'organisation textuelle que les traits linguistiques qui réunissent des langues en groupes « génétiques » (voir Clyne, 1980).

On retrouve certaines de ces remarques chez Mohan et Au-Yeung Lo (1985), dont l'étude, basée sur les propositions de Kaplan, relate les résultats d'une batterie d'analyses portant sur des textes produits par des étudiants chinois en L1 et en anglais L2. Se fondant sur une double analyse de l'écrit en chinois L1 – analyse de textes, mais aussi de jugements et de recommandations dans des ouvrages chinois sur la composition –, les auteurs refusent la « spirale » représentant chez Kaplan le développement d'un paragraphe explicatif dans les langues orientales. Selon eux, les schémas rhétoriques sont si proches dans les deux communautés linguistico-culturelles que le transfert devrait être positif. La deuxième phase de leur travail se fonde sur une analyse d'erreurs, ainsi que sur une étude des pratiques pédagogiques des enseignants et des perceptions des étudiants sur la composition : les auteurs jugent que les différences entre leur corpus anglais L1 (textes écrits par des étudiants canadiens) et leur corpus anglais L2 (étudiants chinois) sont surtout le produit d'une insistance excessive de la part des enseignants comme des étudiants dans le contexte chinois sur la correction grammaticale au niveau de la phrase. Toujours dans le contexte anglais-chinois, Matalene (1985) prône une attitude plus ouverte et moins ethnocentrique dans les études portant sur la construction de textes dans d'autres cultures ; elle illustre ce principe par sa propre tentative de compréhension de la rhétorique chinoise : elle ne l'assimile pas, quant à elle, à la rhétorique anglo-saxonne, comme le proposaient presque Mohan et Au-Yeung Lo (1985).

Il semble tout à fait normal que les chercheurs séduits par un article novateur comme celui de Kaplan découvrent que le monde est plus compliqué qu'on ne l'avait pensé initialement. Il est très probable en effet que des facteurs non linguistiques, les pratiques pédagogiques par exemple, jouent un rôle dans les schémas rhétoriques présents dans les textes d'apprenants. Mais il ne s'agit pas de chercher à définir une rhétorique contrastive capable de prédire tous les problèmes d'organisation rencontrés par des apprenants écrivant en L2, il s'agit seulement d'expliquer et de prédire certains de ces problèmes. L'article de Kaplan est précieux en ce qu'il représente une ouverture irréversible de la notion de transfert linguistique à la *parole*, même s'il s'agit d'une parole assez limitée : il y a extension de l'unité d'analyse de la phrase au paragraphe, mais sans tenir compte du public visé, de l'interaction entre scripteur et lecteur, de la situation d'écriture, du type de texte et des facteurs sociolinguistiques.

Quels outils pour la rhétorique contrastive ?

Ni Kaplan en 1966 ni les travaux qui s'inspirent de ses recherches n'ont réellement cherché à s'équiper d'outils spécifiques pour l'analyse de l'organisation textuelle. Ils ont tendance à traiter le langage comme s'il était transparent, sans même aborder le problème de la relation entre les caractéristiques locales des textes et leur structure rhétorique. Cette critique peut également s'adresser à Clyne (1981), qui compare la « linéarité » de l'anglais à celle de l'allemand ; elle peut s'adresser à Katchen (1982), qui se sert de concepts très généraux comme « matériaux d'introduction et de conclusion » dans sa comparaison de textes explicatifs en persan et en anglais ; et à Harder (1984), qui présente des observations intéressantes – bien qu'elles ne se fondent pas sur l'étude d'un corpus –, et recommande judicieusement de ne pas attendre des compositions en L2 qu'elles reproduisent l'organisation rhétorique de L1, mais plutôt qu'elles incorporent un mélange des logiques et des rhétoriques des cultures de L1 et de L2, telles que le scripteur les connaît.

L'étude de Régent (1985), dont l'intérêt tient également plus aux questions posées qu'à la méthodologie ou au cadre d'analyse adoptés, compare des exemples anglais et français d'un type de texte très spécialisé et contraint : des articles publiés dans des revues de recherche médicale. Son examen des caractéristiques iconiques et des séquences discursives – descriptives, interprétatives, évaluatives – l'amène à constater des différences entre les articles anglais et français : les premiers adoptent en général un style argumentatif, alors que les seconds restent plus explicatifs, plus collés aux données expérimentales présentées.

Cette étude évoque un des principaux problèmes de la rhétorique contrastive : le problème de la comparabilité. La comparaison d'articles de recherche médicale en anglais et en français est « légitimée » par la nature internationale de la culture scientifique occidentale, qui fait que ces articles se doivent d'être des réalisations d'un même type de texte. Mais Régent observe qu'« *il y a maintenant une tendance chez certains auteurs français à suivre le modèle anglais* » (1985, p. 119). Les points communs, sans lesquels toute comparaison est impossible, peuvent être le résultat de contacts culturels, et souvent de la domination d'une culture – la culture anglo-américaine dans ce cas – qui finit par abolir le besoin ou la possibilité de comparaison si la standardisation devient totale. C'est le paradoxe des recherches « ethnographiques » contrastives : si deux populations ont des pratiques très différentes, assurer la comparabilité de deux situations est problématique ; si elles se ressemblent au point qu'il n'y a pas de problème de comparabilité, la comparaison risque de ne pas être bien intéressante ! Les objectifs et les méthodes d'une analyse contrastive plus fine, centrée sur les procédés d'organisation textuelle, sont peut-être suffisamment différents pour échapper au moins en partie au paradoxe.

3.3.4. Linguistique du texte et analyse contrastive

La linguistique du texte est un domaine relativement neuf, dans lequel peu de chercheurs ont adopté une démarche contrastive. On pourrait pourtant trouver des arguments de poids en faveur d'une telle approche lors de l'élaboration de modèles de la structure des textes et pas seulement lors de leur application. Les études contrastives mettent en évidence la relativité des processus et des procédés textuels qui risqueraient sinon d'être considérés comme « naturels », « logiques », reliés de façon intrinsèque et inéluctable aux processus de pensée. On trouvera un excellent exemple d'analyse contrastive à visée théorisante dans Cornish (1986, 1990). La comparaison du fonctionnement de l'anaphore en français et en anglais amène l'auteur à des observations importantes sur l'identification du référent des anaphores et sur l'interprétation des textes en général. Mais les recherches que je vais passer en revue ont dans l'ensemble un objectif plus étendu : plutôt que de chercher à analyser un phénomène spécifique dans une optique discursive, elles tentent de définir des approches et des appareils analytiques capables de montrer comment un texte fonctionne en tant que texte, c'est-à-dire en tant que tout fonctionnel, ou, pour emprunter à Hatim (1987) sa définition, en tant que « *chaîne de "phrases" qui projettent un ensemble d'intentions communicatives sur la surface linguistique dans le but de remplir un objectif rhétorique particulier* » [22] (1987, p. 113).

Hatim propose un modèle de l'interprétation des discours, intégrant contexte pragmatique, type de texte dominant, structure textuelle et « texture » (voir Halliday et Hasan, 1976). Selon lui, seule une approche « tous azimuts » peut rendre compte des phénomènes qui devraient faire l'objet d'une textologie contrastive, approche qu'il poursuit dans un ouvrage plus récent sur la traduction (Hatim et Mason, 1990). Enkvist (1984) s'efforce également de définir un cadre général pour ce qui pourrait s'appeler l'analyse contrastive de la *parole*, par opposition aux recherches sur les universaux et la typologie des langues, qui eux se situent clairement dans la linguistique de la *langue*. Il commence par exposer quatre grands types de modèles issus des linguistiques du texte et du discours ; il propose de les intégrer pour aborder les études contrastives de l'ordre des mots, dans une approche qui cherchera à « *résoudre les tensions entre les formes canoniques que l'on trouve dans les typologies des langues et la variation que l'on rencontre effectivement dans les textes* »

---

22. « a string of "sentences" which map a set of communicative intentions on to the linguistic surface with the aim of fulfilling a particular rhetorical purpose. »

(1984, p. 58)[23]. La vision de la production et de la compréhension des textes qu'il présente est avant tout dynamique :
la forme syntaxique d'un énoncé est considérée comme « *le
résultat d'un processus où des forces différentes, souvent
opposées, sont en présence* » (1984, p. 58) [24]. La nature
exacte de ces « forces » sera précisée dans la deuxième partie, mais ce qui mérite d'être mentionné dès à présent, c'est
l'accent mis sur les *signaux textuels* qui font partie des
stratégies du scripteur pour orienter le récepteur dans son
interprétation.

Cela dit, notre connaissance de la nature de ces signaux
est encore très incomplète, ce qui explique la rareté des
recherches s'appliquant à les analyser en corpus, et c'est justement un des objectifs de cet ouvrage que de mieux cerner
signaux et marqueurs de textualisation, de manière à encourager enseignants et chercheurs à en tenir compte, voire à en
faire leur objet d'étude. Les notions de thème et de rhème ont
fourni la base d'un certain nombre de travaux contrastifs.
Newsham (1977) par exemple fait état de progressions thématiques différentes en français et en anglais. Il me semble
cependant que ces résultats obtenus à partir de données très
limitées auraient besoin d'être précisés dans le cadre d'un
corpus plus étendu et diversifié. Dans la mesure où l'on
cherche à observer des phénomènes appartenant à la *parole*,
il ne faut pas s'attendre à pouvoir les observer en *langue* : et
c'est bien de *langue* qu'il s'agit quand on parle du français
ou de l'anglais, sans mention de situation ni de type de texte.

Katchen (1982) part d'une notion de base dans le
contexte de la didactique de l'écrit aux États-Unis, celle de la
« phrase-thème » (« *topic sentence* ») qui est censée ouvrir
tout nouveau paragraphe et en annoncer le contenu : à la
suite d'une comparaison de certaines de ses réalisations
dans des textes explicatifs écrits par des étudiants en persan
et en anglais L1, elle signale des différences importantes
dans l'organisation des textes pour ces deux groupes de
scripteurs. Kaplan (1983) rend compte de recherches sur la
signalisation de la relation *thème/rhème*, la distribution des
informations *connues* et *nouvelles* dans la phrase, et ce
qu'il appelle la *syntaxe interphrastique*. Il aborde plusieurs

---

23. « resolving the tensions between canonical forms such as those of
language typologies, and the variation that we actually find in texts. »

24. « the outcome of a process which is a resultant of different, often
opposing, forces. »

questions concernant de près l'une ou l'autre des trois parties de cette section, les différences entre schémas rhétoriques d'une culture à l'autre, les difficultés rencontrées par le scripteur non natif pour déterminer ce qui peut être considéré comme connu par le lecteur potentiel, les problèmes de textualisation en L2 liés à des insuffisances linguistiques. Mais pour que de telles recherches soient fertiles et conduisent réellement à une meilleure compréhension des procédés de textualisation, il est nécessaire de disposer d'un cadre d'analyse beaucoup plus élaboré et rigoureux.

Szwedek (1984) esquisse un tel cadre dans une réflexion sur ce qu'il considère comme les deux problèmes principaux de l'analyse comparative de textes, celui de l'équivalence et de la représentation sémantique, et celui de la comparaison des phénomènes de surface. Mais la présentation qu'il fait des notions de thème et de rhème reste vague, et la pertinence spécifique de ces notions pour l'analyse contrastive n'est pas évaluée. Les travaux de Stein (1981), qui sont présentés comme une étude de linguistique textuelle contrastive sur les liens interphrastiques en anglais et en allemand, sont méthodologiquement contestables dans la mesure où ils comparent des connecteurs logiques dans des textes anglais avec leurs traductions en allemand. Cela les rend sans doute plus intéressants pour les « traductologues » que pour les contrastivistes.

Hinds (1983), déjà mentionné pour sa critique des premiers travaux de Kaplan, se sert également de traductions pour éclairer des stratégies textuelles différentes, mais d'une façon tout à fait légitime méthodologiquement : son corpus se compose de traductions anglaises d'articles d'un journal japonais publiées dans la version anglaise du journal. Les articles sont conformes à une structuration textuelle japonaise traditionnelle qui exige l'intrusion d'un élément inattendu à un certain moment du texte. Hinds a soumis des articles dans leurs versions anglaises et japonaises à des lecteurs des deux langues en leur demandant de les évaluer selon trois critères :
– logique, c'est-à-dire « *développement logique et mouvement de la pensée* » ;
– focus, c'est-à-dire « *non-éloignement du sujet* » ;
– cohérence, c'est-à-dire « *unité de l'ensemble et utilisation de transitions* »(1983, p. 190)[25].

---

25. « logical development and flow of thought », « staying on the topic without wandering », « sticking together of major part of writing, use of transitions. »

Pour chaque critère, il constate des différences d'évaluation significatives. Les articles sont jugés mal écrits par les anglophones, logiques et cohérents par les Japonais. Le schéma rhétorique représenté dans les textes, qui jouit d'une valeur culturelle élevée dans la société japonaise, est inacceptable pour des lecteurs anglais et il ne peut que poser problème s'il est transféré.

L'étude de Hinds concerne des cultures très éloignées, un type de texte très contraint et des textes publiés. L'idée qui la sous-tend garde néanmoins sa validité en didactique de l'écrit L2 dans le sens où des apprenants d'une langue étrangère doivent également maîtriser des *schémas* et des *procédés textuels* non seulement nouveaux mais la plupart du temps peu ou mal compris. Cela dit, étudier la logique du texte, son *focus* ou sa cohérence au même niveau de généralité que Hinds a peu de chances de produire des résultats utilisables en pédagogie. Il faut déterminer quels « signaux textuels », pour reprendre le terme de Enkvist, influencent les jugements des lecteurs quant à la *logique*, au *focus* et à la *cohérence* des textes. Nous avons maintenant passé en revue un grand nombre de travaux très divers sur les écrits « novices » : cela nous a amenés à prendre conscience du conflit qu'il peut y avoir entre précision et rigueur d'un côté, et pertinence de l'autre, mais aussi à identifier les directions théoriques et méthodologiques les plus à même de conduire à des analyses à la fois précises et valides des textes d'apprenants.

II

Un cadre textuel pour analyser les écrits

*Pour le profane comme pour le spécialiste, ce qui caractérise avant tout un texte et le distingue d'une suite fortuite de phrases, c'est que le texte forme un tout qui se tient. Le concept de cohérence est la clef de voûte de la linguistique du texte et le lieu de ses interrogations les plus fondamentales. Le terme **cohérence** est pris ici dans un sens pleinement pragmatique, impliquant d'un texte cohérent non seulement qu'il ait une unité interne, mais aussi qu'il soit approprié à la situation dans laquelle il s'inscrit. Le concept de cohérence est donc central dans notre tentative de cerner la notion de qualité et central pour une didactique de l'écrit qui vise l'efficacité communicative des textes d'apprenants.*

Cette deuxième partie met en place un cadre conceptuel centré sur la cohérence pour la description des productions écrites. Comme précédemment, je donnerai la priorité aux approches empiriques (analyses de corpus de textes) dans l'élaboration de ce cadre d'analyse. Comme il s'agit d'un domaine en train de se créer, je m'efforcerai de définir un certain nombre de concepts de façon opératoire, pour qu'ils puissent être repris dans d'autres travaux, et ainsi affinés.

*La cohérence est une qualité **globale** : et puisque mon propos ici est la description de productions écrites, il faut d'abord s'interroger sur la relation que l'on peut attendre entre cette qualité globale et des caractéristiques **locales*** *de la surface du texte. C'est l'objectif du premier chapitre. Le deuxième est consacré à un concept incontournable et cependant terriblement difficile à cerner : le **thème,** qui, par son effet de structuration de l'information, fournit un des deux principaux niveaux de structure du texte, l'autre étant la **structure rhétorique,** abordée dans le troisième chapitre. Les marques laissées à la surface des textes par ces deux formes de structuration, étroitement liées à des facteurs pragmatiques, ne sont pas généralisables de façon absolue. C'est la notion de **type de texte** (chapitre 4) qui fournit un cadre permettant une généralisation relative.*

1

Cohérence
et surface textuelle

1.1. La cohérence est-elle une propriété du texte ?

On ne peut aborder la description de productions écrites que dans la perspective d'une linguistique de la parole, en tenant compte du contexte de communication dans lequel elles s'inscrivent et qui les influence de multiples façons, comme on l'a vu dans la première partie. Cependant cela pose un problème fondamental qu'il est important de reconnaître et de formuler : un texte ne « contient » pas un message, ni ne « possède » la qualité ou propriété de cohérence. Ce message, cette qualité sont le produit de l'interaction entre texte et lecteur.

Dans une perspective dynamique de cette interaction, la compréhension ne peut être vue que comme l'élaboration cyclique d'un modèle – d'une représentation mentale – fondée sur les indications fournies par le texte en conjonction avec toutes sortes d'autres indications provenant en particulier du contexte et des connaissances préalables du lecteur [1]. Un texte est un message virtuel, une communication potentielle : il est le reflet d'un acte de discours (dont le scripteur est l'initiateur), mais ne devient communication que grâce à un lecteur, qui, apportant à ce processus interactif qu'est la compréhension une multiplicité de connaissances et de savoir-faire, interprète les signaux contenus dans le texte et

---

1. Limitons-nous ici à la communication par le texte écrit, qui implique généralement la distance dans le temps et l'espace, supprimant ainsi la complexité liée à la négociation en temps réel des thèmes et des buts de l'échange dans la conversation...

se construit une représentation – nécessairement idiosyncratique [2] – de ce que le scripteur a pu vouloir dire. Notre perception de la cohérence d'un texte est en effet liée à nos connaissances : il est difficile de percevoir la cohérence d'un article à la pointe de la recherche en physique quantique si l'on n'est pas physicien ; elle est liée aussi à nos préjugés : on a plus de chances de trouver l'éditorial de son journal cohérent que celui du journal de l'opinion opposée. Bref, la cohérence n'est pas dans le texte, elle est le résultat d'une interaction (réussie ?) entre texte et lecteur.

On peut même, comme Charolles (1982, 1983, 1988), y voir une propriété imposée au texte par le lecteur, lequel a généralement beaucoup de mal à considérer un texte comme incohérent :

> *Si quelque difficulté se présente, je ne conclus pas directement à l'incohérence, je conçois qu'il y a un problème et que ce problème a, en principe, une solution positive, et que je dois tout faire pour trouver cette solution.* (Charolles, 1982, p. 702)

« Tout faire » peut vouloir dire par exemple inventer le lien manquant entre deux propositions. Charolles élabore ensuite sa notion de cohérence pour en faire un principe général pour l'interprétation des actions humaines :

> *Il est impossible de voir quelqu'un accomplir deux actions successives sans supposer que ces deux actions constituent un tout : nous imaginons nécessairement qu'elles font partie d'une seule intention globale qui justifie le fait qu'elles aient été entreprises l'une après l'autre. [...] Dans le discours, puisque le récepteur considère que ce qu'on lui dit va être cohérent, il va manipuler le texte de façon à en extraire une interprétation qui soit en accord avec sa propre conception d'un texte cohérent. (ibidem, 1983, p. 71)*

---

2. Idiosyncratique : individuelle, propre à chaque lecteur.

1.2. Cohérence explicite ou implicite

Dans ce contexte, on en vient à s'interroger sur le rôle du texte lui-même dans l'interprétation, une question d'importance pour la didactique de l'écrit. La prise de conscience du rôle du lecteur dans le processus de compréhension, l'évolution vers une conception plus dynamique et interactive de la lecture et de la communication linguistique en général, la distanciation par rapport aux modèles simplistes issus de la théorie de l'information, tout cela représente un progrès incontestable. Mais le risque existe de trop dévaloriser le texte. Déjà en 1981, de Beaugrande et Dressler formulaient la mise en garde suivante :

> *Il faut prendre garde de ne pas laisser le texte disparaître derrière les processus mentaux. Les débats récents sur le rôle du lecteur signalent le danger de penser que les récepteurs d'un texte peuvent faire ce qu'ils veulent de ce qui est présenté. Si cette notion était correcte, la communication textuelle serait tout à fait aléatoire, peut-être même solipsistique. Il doit exister des moyens décisifs, bien que non absolus, de réguler les variations dans les utilisations d'un même texte par différents récepteurs.* (de Beaugrande et Dressler, 1981, p. 35) [3]

Ces « moyens » et leur degré de certitude sont appelés à varier selon les situations, les publics et les types de textes (voir chapitre 4). Dans les milieux scolaire et universitaire, qui sont ceux de la didactique de l'écrit, certaines exigences tendent à s'exercer qui augmentent le poids du texte parmi les indications guidant l'interprétation. Contrairement à certains types d'écrit ludique, le texte scolaire/universitaire cherche à guider au maximum le lecteur dans son interprétation. La dissertation, le devoir d'histoire, à un autre niveau l'article de linguistique ne cherchent pas en premier lieu à

---

3. « We must guard against allowing the text to vanish away behind mental processes. Recent debates over the role of the reader point up to the dangers of assuming that text receivers can do whatever they like with a presentation. If that notion was accurate, textual communication would be quite unreliable, perhaps even solipsistic. There must be definitive, though not absolute, controls on the variations among modes of utilising a text by different receivers. »

« inspirer » leurs lecteurs, mais à les amener point par point à se construire un modèle mental du texte qui soit le plus proche possible de celui du scripteur. C'est sans doute particulièrement vrai des textes produits pour être évalués. Ce sont des types d'écrit qui se veulent monosémiques, et où le scripteur a tout à gagner à être directif – qu'il veuille convaincre ou montrer qu'il sait –, et où par conséquent la signalisation explicite de l'organisation du texte est très valorisée.

Du point de vue de la compréhension, on peut, avec Reinhart (1980), classer les textes en trois grands groupes :
• Les textes « explicitement cohérents » guident le récepteur dans son travail d'interprétation en respectant les conditions de *cohésion,* de *non-contradiction* et de *pertinence.* La condition de cohésion implique que chaque phrase d'un texte doit être rattachée à une phrase précédente du texte : les phrases introduisant de nouveaux segments sont exemptes de cette condition, mais soumises aux deux autres pour un texte explicitement cohérent. La condition de non-contradiction est une condition sémantique qui spécifie que chaque phrase doit entrer dans une relation de non-contradiction avec ce qui précède. La condition de pertinence est un ensemble de conditions pragmatiques assez floues, qui tentent de gérer les relations des propositions entre elles et avec le thème sous-jacent du discours.
• Les textes ne respectant pas ces conditions nécessitent des procédures particulières de la part du récepteur, qui devra leur imposer une cohérence dérivée. S'il y parvient, le texte peut être décrit comme « implicitement cohérent. »
• Les textes « incohérents » sont ceux auxquels on ne parvient pas à attribuer une interprétation cohérente, fait rare étant donné le principe de cohérence qui régit semble-t-il notre rapport au monde (Reinhart cite comme exemples de textes incohérents des dialogues entre schizophrènes et thérapeutes).

La didactique de l'écrit a trait principalement à des situations dans lesquelles il existe un fort impératif de cohérence explicite. Il reste à définir plus précisément les réalisations de cette caractéristique dans les textes, et cela passe d'abord par l'articulation des notions de cohérence et de cohésion.

1.3. Cohérence/cohésion : la poule et l'œuf

L'analyse la plus complète de la *cohésion* est celle de Halliday et Hasan (1976), qui la définissent comme « *les moyens par lesquels des éléments qui n'entretiennent pas de relation de structure sont reliés entre eux parce que l'un dépend de l'autre pour son interprétation (*Halliday et Hasan, 1976, p. 27) [4].»

Ces moyens sont grammaticaux – substitution, ellipse, conjonction – et lexicaux – réitération, collocation. Pour ces auteurs, la notion de cohésion «*rend compte des relations sémantiques essentielles qui permettent à un segment de discours oral ou écrit de fonctionner comme un texte (ibidem, p. 13) [5].»

L'objet de leur étude étant une description fine des procédés de *cohésion* en anglais, Halliday et Hasan ne semblent pas vraiment se demander si la présence de ces procédés est indispensable pour qu'un segment puisse fonctionner comme texte. Cette question préoccupe en revanche de nombreux auteurs, et en particulier les chercheurs en didactique. Beaucoup ont cherché à tester empiriquement le rôle de la *cohésion* dans la *cohérence*. Ces travaux aboutissent pour la plupart à la conclusion qu'il n'y a pas de corrélation entre les mesures de marqueurs de *cohésion* et les évaluations de *cohérence* (Tierney et Mosenthal, 1981), et que la *cohésion* est plutôt un « symptôme » (Anderson, 1978) ou un « épiphénomène » (Morgan et Sellner, 1980) de la *cohérence*.

Parce qu'ils sont récents et méthodologiquement plus ambitieux, il faut citer les travaux de Parsons (1990, voir aussi 1re partie, 3.1.), qui présentent des résultats nettement plus positifs quant à l'impact de la cohésion sur la cohérence. Au terme d'une analyse quantitative fine dans l'optique de l'harmonie cohésive selon Hasan (1984), Parsons affirme

---

4. « the means whereby elements that are structurally unrelated to one another are linked together, through the dependence of one on the other for its interpretation. »

5. « accounts for the essential semantic relations whereby any passage of speech or writing is enabled to function as a text. »

que, dans son corpus de textes scientifiques produits par des étudiants (anglais L1 et L2), 34 % de la variation en cohérence est due à la variation en cohésion. Pour évaluer la cohérence des textes d'étudiants, il utilise douze informateurs en majorité extérieurs à l'université. Il procède ensuite à une analyse quantitative de certaines relations de cohésion et de certains types de chaînes cohésives. La méthodologie adoptée est extrêmement minutieuse et rigoureuse, mais elle exige une manipulation des textes – dont sont extraites des chaînes d'unités lexicales – qui conduit à une transformation de l'objet même de l'analyse : ainsi l'aplatissement complet, dans les structures dérivées, de la structure hiérarchique créée par la syntaxe exclut celle-ci de l'analyse de la cohésion. Par ailleurs l'approche adoptée par Parsons se situe strictement dans le cadre de la linguistique systémique et ne tient pas compte des apports de la pragmatique à une théorie de la cohérence.

Parmi les travaux à la fois empiriques et théoriques qui illustrent bien la complexité de la relation entre cohésion et cohérence, il faut citer ceux de Cornish (1986, 1990, voir aussi 1re partie, 3.3.4.) sur l'anaphore en français et en anglais. Cornish rejette la vision simpliste d'une correspondance statique entre deux termes apparaissant à la surface du texte – l'antécédent et l'anaphorique –, reliés par une relation de substitution. Les anaphoriques sont au contraire des « opérateurs discursifs dynamiques » : ils n'*ont* pas un antécédent, ils *déclenchent* un antécédent. Ils forcent le lecteur à créer, si besoin est par inférence, une entité qui servira d'antécédent. Les exemples ci-dessous vont illustrer ce fonctionnement, qui démontre, selon Cornish, que c'est la *cohésion* qui repose sur la *cohérence*, non pas la *cohérence* sur la *cohésion*.

> [...] *C'était un truand chevronné, et* **ceux-là** *doivent faire l'objet de la plus rigoureuse sévérité.*

> [...] *Car le contraste est saisissant entre le scepticisme des esprits et le renouvellement des enjeux de la construction européenne.* **Celle-ci** *doit repenser ses fondements...*

« *Les truands chevronnés* » (générique) et « *l'Europe* » n'apparaissent pas comme tels à la surface du texte, mais sont induits par le lecteur grâce à un processus qui fait appel à ses connaissances et à ses croyances extra-linguistiques. Ces exemples ne sont pas marginaux, insiste Cornish, mais illustrent le fonctionnement normal des anaphores, qui doivent être considérées comme des procédés de signalisation du discours, amenant le lecteur à « déclencher » ou à créer leur antécédent en accord avec la cohérence. C'est donc la *cohésion* qui dépendrait de la *cohérence,* et non l'inverse.

Admettons l'indépendance de principe de la cohérence par rapport à la cohésion, et l'existence de textes cohérents qui ne sont pas cohésifs. Une perspective plus cognitiviste permet cependant d'articuler les deux notions d'une façon productive. Acceptons avec Charolles qu'un principe général de cohérence gouverne l'interprétation des actions humaines et que toute suite de phrases a de grandes chances d'être interprétable – et interprétée – comme un texte [6]. Mais ce processus d'interprétation est coûteux et une fonction importante des marqueurs de cohésion est de réduire ce coût en guidant l'interprétation, d'où une valorisation de l'utilisation de ces marqueurs dans certains contextes lorsqu'il est souhaitable de minimiser la marge de liberté d'interprétation ou de maximiser la rapidité d'interprétation.

Par ailleurs, on a pour le moment considéré uniquement la relation entre *cohérence* et *marqueurs de cohésion.* Il existe peut-être d'autres marqueurs qui peuvent également contribuer à l'interprétation de la *cohérence.* Reinhart suggère que la non-contradiction et la pertinence contribuent également à la cohérence explicite. Dans les chapitres suivants, sont examinés deux aspects importants et relativement bien documentés sur la façon dont un texte se construit de phrase en phrase : la structure thématique et la structure rhétorique. La première concerne le réseau de thèmes qui se construit au fur et à mesure de la rédaction, la deuxième les relations entre propositions, dans la même phrase ou de phrase en phrase. Ces deux niveaux d'organisation textuelle peuvent également faire l'objet de signalisations particulières, un peu noyées sous l'étiquette globale de cohésion.

6. Voir à ce propos le bilan que fait Charolles (1988) des études sur la cohérence, la cohésion et la connexité textuelle.

2

La structure
thématique

Déterminer ce sur quoi porte un texte, de phrase en phrase, et comment, à partir – ou en dépit – de cette succession de thèmes, on peut dériver une interprétation cohérente, constitue l'une des premières préoccupations de la linguistique du texte. La notion de thème a une valeur intuitive immédiate : lorsqu'on parle de cohérence, de cohésion, d'ensemble dont les parties se tiennent, le *thème* est partout sous-jacent puisque c'est en grande partie grâce à lui qu'il y a unité ou cohérence. Mais cette notion qui paraît intuitivement si accessible est en fait extrêmement difficile à définir. Le fait que le terme technique est proche du terme de la langue courante contribue sans doute à la confusion conceptuelle et terminologique qui règne encore. Ce chapitre ne va pas chercher à représenter tous les courants de pensée, mais à les résumer brièvement pour décrire plutôt les façons de signaler le thème dans les textes.

2.1. Topic et thème : structure d'information et structure thématique

La confusion est due en partie au fait que le mot *thème* recouvre souvent deux notions : c'est à la fois *ce sur quoi porte l'énoncé* et ce qui est déjà *connu* ou *donné*. Notions toutes deux pertinentes dans l'étude de la cohérence textuelle et souvent interdépendantes, mais qu'il est utile de distinguer. J'ai jusqu'à présent parlé du thème comme ce sur quoi porte un segment de texte. Pour qu'il y ait cohérence, on peut s'attendre à une certaine continuité thématique de segment en segment. C'est là que l'on rejoint l'étude de la cohésion et des éléments qui, se référant à d'autres parties du texte, lui confèrent sa texture. On sait que toute phrase d'un texte, sauf la première, contient en principe des éléments *connus*, qui permettent de la rattacher à ce qui précède. Cette indispensable répétition, condition de la cohésion textuelle, s'accompagne bien sûr d'une nécessité de progression, sinon le texte piétinerait. Il y a donc, dans chaque phrase, une alternance *répétition/progression*, manifestée par la succession d'éléments *connus* et *nouveaux*[7].

Rappelons qu'il n'y a rien de totalement objectif dans tout cela et qu'il ne s'agit pas nécessairement de répétition de mots du texte : un locuteur (ou scripteur) présente un élément comme *connu* s'il juge que l'interlocuteur (lecteur) est capable d'en retrouver ou d'en induire le référent à partir de ce qui précède (et des autres connaissances qui sont le « bagage » attendu du lecteur présumé). Il s'agit donc d'une présupposition de connaissances, quelquefois erronée, de la part du locuteur. Ensuite, ce qui est dit de cet élément *connu* est présenté comme *nouveau*. Quelques exemples pour illustrer :

Ex. 1 : Un avion de la compagnie X s'est écrasé lors de son atterrissage à l'aéroport de Y. L'appareil, un Z, était en provenance de A et transportait cent dix passagers. Les cent dix passagers ont tous pu être évacués avant que l'avion ne prenne feu.

Ex. 2 : Un avion de la compagnie X s'est écrasé lors de son atterrissage à l'aéroport de Y. Les cent dix passagers ont tous pu être évacués avant que l'avion ne prenne feu.

Dans la seconde phrase de l'exemple 1, « l'appareil » est l'élément *connu*, identifiable comme ayant le même référent que « un avion » introduit dans la phrase précédente, et « les cent dix passagers » sont transportés (sans risques !) de la deuxième à la troisième phrase. Dans l'exemple 2, la deuxième phrase ayant été supprimée, le lecteur doit induire la présence de passagers à partir de la première phrase – et de sa connaissance du monde – pour comprendre « les cent dix passagers » comme élément connu.

7. Cette notion est un des fondements de la linguistique du texte et on en trouve plusieurs présentations en linguistique « francophone », par exemple chez Charolles, 1978 ; Combettes, 1978 ; Vigner, 1982 ; et plus récemment Combettes, 1988 ; Adam, 1991.

Il existe donc dans chaque phrase d'une part une *structure d'information* qui organise les référents en éléments *connus* et *nouveaux*, et d'autre part une *structure thématique*, qui a trait à la relation entre ce dont on parle et ce qu'on en dit. Ces deux structures sont imbriquées et interdépendantes : *ce dont on parle* est généralement *connu* car il n'est possible d'absorber une information nouvelle que si on peut l'accrocher à quelque chose qu'on a déjà intégré cognitivement ; quant au *nouveau,* cela n'implique pas nécessairement de nouveaux référents, mais cela implique que la relation entre ce dont on parle et ce qu'on en dit est nouvelle, et c'est précisément pour cela qu'on le dit. Les termes utilisés pour recouvrir cette réalité complexe sont (en simplifiant) :

thème = ce dont on parle

topic = connu

rhème = ce que l'on dit du thème
(aussi appelé *propos* ou *commentaire*)

focus = nouveau

2.2. Topics et thèmes dans les textes

La question centrale pour le linguiste/didacticien face à l'analyse des textes est la suivante : quels sont les moyens à la disposition du scripteur pour réaliser et signaler la structure d'information et la structure thématique ?

2.2.1. Point de vue psycholinguistique

J'ai mentionné plus haut le besoin cognitif d'accrocher les informations nouvelles à des connaissances déjà intégrées. Ce besoin entraîne des conséquences sur le plan de l'introduction des thèmes dans le discours. Ainsi le petit texte inventé de l'exemple 1 nécessiterait un titre – « Accident d'avion à Y » – pour annoncer le thème « Un avion de la compagnie X ». Il est possible de formuler des règles d'écriture fondées sur ces considérations psycholinguistiques. C'est ce que font Clark et Haviland (1977), qui énoncent un « contrat *donné-nouveau* » («*given-new contract*») qu'ils présentent comme un aspect du principe de coopération de Grice (1975) :

> *Efforcez-vous de construire l'information connue et nouvelle de chaque énoncé en contexte a) de telle façon que votre allocutaire soit capable de calculer de mémoire l'antécédent unique voulu pour l'information donnée, et b) de telle façon qu'il ne connaisse pas encore l'information nouvelle attachée à cet antécédent.* (Clark et Haviland, 1977, p. 6) [8]

La façon la plus évidente de respecter la première partie de ce contrat passe par la maxime d'antécédence :

> *Efforcez-vous de construire votre énoncé de telle façon que votre allocutaire ait un antécédent direct et un seul pour toute information donnée et que ce soit l'antécédent voulu. (ibidem*, 1977, p. 4) [9]

Les auteurs se sont principalement efforcés de montrer, de façon empirique, que les textes respectant la maxime d'antécédence (voir exemple 1) étaient compris plus vite que ceux nécessitant que l'antécédent soit induit (voir exemple 2). D'autres chercheurs se sont davantage intéressés à l'effet sur les lecteurs de l'ordre de présentation des éléments *donnés* et *nouveaux*, pour conclure unanimement à la supériorité des textes dans lesquels l'information *donnée* précède régulièrement l'information *nouvelle*, à la fois sur le plan de la rapidité et de la facilité de compréhension et sur celui du rappel (Kieras, 1978 ; Glatt, 1982 ; Vande Kopple, 1982). Puisqu'il faut linéariser, le principe de base du texte convivial est donc : *donné* avant *nouveau*. Ainsi la variante 3 de l'exemple 1, qui ne respecte pas ce principe, serait-elle plus lourde sur le plan du traitement cognitif que l'original :

> Ex. 3 : Un avion de la compagnie X s'est écrasé lors de son atterrissage à l'aéroport de Y. Cent dix passagers se trouvaient à bord de l'appareil, un Z, en provenance de A. Avant que l'avion ne prenne feu les sauveteurs ont pu tous les évacuer.

---

8. « Try to construct the given and the new information of each utterance in context a) so that the listener is able to compute from memory the unique antecedent that was intended for the given information, and b) so that he will not already have the new information attached to the antecedent. »

9. « Try to construct your utterance such that the listener has one and only direct antecedent for any given information and that it is the intended antecedent. »

Voici donc un premier élément de réponse à la question posée plus haut concernant les marqueurs de la structure thématique : l'ordre non marqué étant *donné* avant *nouveau*, le lecteur aura tendance à interpréter le(s) premier(s) élément(s) d'une phrase comme *donné(s)*, et le scripteur voulant présenter une information comme *donnée* choisira la position initiale. Cette position devient par conséquent une sorte de marque minimale.

2.2.2. Point de vue linguistique : thème, topic et syntaxe

L'ordre des éléments dans la phrase est inextricablement lié à la syntaxe. Dans certaines langues (français, anglais?), il est fortement déterminé par celle-ci, dans d'autres (tchèque, italien?) il correspond plutôt aux besoins de la structure d'information. Les points d'interrogation sont là pour indiquer qu'une telle classification ne va pas sans controverses. Les langues dont la syntaxe est rigide permettent aussi des latitudes ; en français on peut placer un circonstanciel (adverbe ou subordonnée) ou les arguments d'un verbe à deux places de manière différente, avec un effet sur la structure d'information :

Ex. 4 a : Il part demain.

Ex. 4 b : Demain il part.

Ex. 5 a : Il boit pour oublier.

Ex. 5 b : Pour oublier il boit.

Ex. 6 a : Il a dit qu'il partait à sa mère.

Ex. 6 b : Il a dit à sa mère qu'il partait.

Soumis aux contraintes syntaxiques, au principe du « *donné* avant *nouveau* », par quoi l'ordre des mots est-il en fin de compte déterminé ? Pour Enkvist (1985), il est « *le résultat d'une conspiration ou d'une lutte entre les différentes forces qui influencent la linéarisation du discours* » (1985, p. 321) [10a]. Et il poursuit :

> *Pour étudier l'ordre des mots, tout au moins en anglais, nous devons prendre en compte les effets combinés de la syntaxe canonique avec un ensemble de paramètres incluant l'iconicité expérientielle, la cohésion phono-esthétique, la poéticité, la structure d'information et les nécessi-*

10a. « the outcome of a conspiracy or a struggle between the different forces that affect the linearization of discourse. »

tés liées à la production en direct, en temps réel, dans le cas de la parole spontanée. (1985, p. 333) [10b]

Si l'on considère que l'ordre non marqué des éléments syntaxiques en français est « Sujet-Verbe-(Objet) » et que l'ordre non marqué des éléments d'information est « *connu avant nouveau* », on peut faire pour le français les remarques suivantes :

– dans les phrases respectant effectivement l'ordre canonique SVO, la fonction syntaxique la plus probable pour le thème de la phrase, élément normalement connu donc initial, est le sujet ;

– si l'ordre canonique SVO n'est pas respecté, c'est peut-être pour mieux respecter l'ordre voulu par la structure d'information ; il s'agit de syntaxe marquée ;

– si l'ordre normal *donné-nouveau* n'est pas respecté, il s'agit de structure d'information marquée.

Dans certaines constructions, la syntaxe et la structure d'information sont toutes deux marquées (phrases clivées).

Commençons par quelques exemples qui bousculent un peu la phrase canonique :

dislocation

> Ex. 7 : Ces Romains, ils sont fous.
>
> Ex. 8 : Ils sont fous, ces Romains.

thématisation

> Ex. 9 : La BD, tout le monde adore.

passif

> Ex. 10 : Les BD deviennent un véritable phénomène social. Elles sont lues par des millions de jeunes.

phrase clivée

> Ex. 11 : C'est Obélix qui est tombé dans la potion magique.

Dislocation

Les exemples 7 et 8 sont des dislocations à gauche et à droite respectivement. Typiques du français spontané de la conversation – voir Jeanjean (1981) et Lambrecht (1981,

---

10b.« To study word order patterns, at least in English, we must reckon with the interplay of canonical syntax with a set of parameters including experiential iconicity, phonaesthetic cohesion, poeticity, information structure, and the needs of on-line, real-time processing in impromptu speech. »

1987) – et plus ou moins « taboues » à l'écrit, je les signale néanmoins parce qu'elles sont intéressantes au plan de la structure d'information. Les deux constructions semblent avoir pour but de promouvoir un référent *connu* au rôle de *thème*, et ce en le nommant hors de la proposition elle-même, où il apparaît comme clitique (« *ils* », ex. 7 et 8). La dislocation à gauche (7) annonce un thème plus inattendu que la dislocation à droite (8), qui semble avoir plutôt un rôle de confirmation.

Thématisation

La thématisation diffère de la dislocation à gauche par l'absence de clitique, qui fait que la phrase suivant le SN topicalisé est syntaxiquement incomplète. Les exigences de la structure d'information sont primordiales dans cette construction assez rare où le SN qui serait normalement en position de *focus* est présenté comme *thème* (« *la BD* », ex. 9), ce qui permet de terminer l'énoncé sur un autre élément (« *adore* », ex. 9). Autant qu'une façon de promouvoir un SN au rôle de *thème*, il s'agit peut-être de présenter comme *focus* un verbe transitif, qui aurait peu de chance de se trouver en finale dans une langue où l'objet suit le verbe. La thématisation ne se produit qu'avec un SN objet et ressemble fonctionnellement à la dislocation à gauche avec un objet. Comparer :

Ex. 9 : La BD, tout le monde adore.

Ex. 12 : Les Romains, je ne peux pas les supporter.

Passif

Sur le plan de l'« emballage » de l'information, le passif (ex. 10) est un procédé syntaxique qui permet de manipuler l'ordre des éléments dans la phrase de façon à respecter la structure d'information normale et à mettre en évidence la structure thématique. Ainsi dans l'exemple 10, « *des millions de jeunes* », sujet sémantique (ou *acteur*) mais référent *nouveau*, se trouve placé en position finale et laisse l'initiale et la fonction de sujet grammatical au SN *connu*. Le français, surtout à l'oral spontané, semble répugner tout particulièrement à combiner information nouvelle et sujet grammatical, répugnance qui contribue aussi à expliquer la fonction de la construction suivante, dans laquelle la syntaxe et la structure d'information sont toutes deux marquées.

Phrases clivées

Les phrases clivées sont décrites comme des constructions de mise en valeur quelquefois du *thème* et quelquefois du *rhème*. Elles semblent en fait être une façon de présenter un référent nouveau comme *rhème* dans la première partie de la phrase (« *c'est Obélix* », ex. 11) pour s'en servir ensuite comme *thème* de la proposition qui suit (« *qui est tombé dans la potion magique* », ex. 11). Elles ont aussi un rôle de mise en valeur soit pour établir un contraste (« *C'est Obélix, pas Astérix* ») soit pour mettre la phrase entière en relief dans son contexte. Les phrases clivées sont « marquées » à la fois sur le plan syntaxique et sur le plan de la structure d'information : le SN sujet, introduit par « *c'est* », est un *focus*. On a vu plus haut que les sujets *nouveaux* sont rares en français ; là où l'anglais par exemple autorise le renversement de la structure d'information avec une syntaxe normale, le français aura tendance à exiger la phrase clivée :

    Ex.13 : A – Où est mon rasoir ? – Where is my razor ?
           B a – ?? PIERRE l'a.   – PETER has it.
             b – C'est Pierre qui l'a[11].

Syntaxe complexe et sélection thématique

Pour terminer cet examen des chassés-croisés de la syntaxe et de la structure thématique, il reste à examiner le sort des *thèmes* dans les phrases complexes. On peut distinguer quatre façons de combiner deux propositions (Lakoff, 1984) :

I. parataxe pure

Ex. 14 a : Les jeunes lisent beaucoup de bandes dessinées. Leur français écrit est déplorable.

II. type mixte

Ex. 14 b : Les jeunes lisent beaucoup de bandes dessinées et leur français écrit est déplorable.

III. quasi-hypotaxe

Ex. 14 c : Comme les jeunes lisent beaucoup de bandes dessinées, leur français écrit est déplorable.

---

11. Dans cet exemple (emprunté à Lambrecht, 1987, p. 224), les majuscules indiquent l'accent d'insistance, le double point d'interrogation l'acceptabilité douteuse de cet accent d'insistance en français.

Ex. 14 c' : Quand les jeunes lisent beaucoup de bandes dessinées, leur français écrit est déplorable.

Ex. 14 c'' : Bien que les jeunes lisent beaucoup de bandes dessinées, leur français écrit est déplorable.

IV. hypotaxe pure

Ex. 14 d : Les jeunes lisant beaucoup de bandes dessinées, leur français écrit est déplorable.

Avec les types I et II on a deux prédications, une concernant « *les jeunes* », l'autre « *leur français écrit* », reliées en I par la juxtaposition, en II par un lien non spécifique, qui équivaut à dire au lecteur : « Ces deux idées sont reliées, à vous de deviner comment ! » Les types III et IV ont deux effets supplémentaires : ils ajoutent un élément d'information – la nature du lien entre les propositions – et ils établissent une structure hiérarchique – il n'y a plus qu'une prédication et la première proposition devient présupposée. La proposition prédiquée ayant pour sujet « *leur français écrit* », ce SN a de grandes chances d'être considéré comme ce dont on parle, le *thème* de la phrase. Sur le plan de la structure thématique, l'hypotaxe crée une hiérarchie de *thèmes* et contribue ainsi au processus de sélection des référents « qui comptent » dans le texte.

Une façon de démontrer le rôle de la subordination dans la sélection thématique m'a été suggérée par ce qu'on pourrait appeler le « test du syllogisme » (Shopen et Williams, 1981, p. 121). Il s'agit de construire une phrase complexe à partir des trois propositions d'un syllogisme connu, par exemple :

Ex. 15 : Tous les hommes sont mortels ;
        or Socrate est un homme ;
        donc Socrate est mortel.

Les nombreuses personnes auxquelles j'ai proposé ce « test » sont arrivées à des solutions très diverses, mais qui avaient toutes en commun de faire de la conclusion la proposition principale. Le but du syllogisme étant de démontrer que Socrate est mortel, la conclusion seule est prédiquée et « *Socrate* » promu au statut de *thème* de la phrase, alors que « *tous les hommes* » n'est que le sujet d'une proposition d'arrière-plan. Par ailleurs cette hiérarchie phrastique entraîne des hypothèses interphrastiques : s'il y avait une suite, il est probable qu'elle concernerait « *Socrate* » plutôt que « *tous les hommes* » – voir en 2.4.2. *infra* les travaux de Tomlin (1985) et Matthiessen et Thompson (1988) sur la relation entre syntaxe complexe et mise en texte.

La syntaxe complexe joue ainsi un rôle important de hiérarchisation de l'information au niveau phrastique et représente pour le lecteur, dans son travail de construction d'un modèle cohérent du texte, un signal au niveau interphrastique. Ces observations sont corroborées par des travaux sur des textes scientifiques ayant subi une simplification syntaxique afin de les rendre plus lisibles par des adultes étudiant les sciences en anglais L2 (Lautamatti, 1978a et b; 1987). Selon Lautamatti, loin de faciliter la lecture, cette simplification tend dans certains cas à la rendre plus difficile. Elle cite comme particulièrement problématique le découpage de phrases complexes en suites de phrases simples qui entraînent une multiplication de *sous-thèmes* parmi lesquels le lecteur doit sélectionner les plus importants. Si comprendre un texte c'est en partie créer une structure hiérarchisée de référents et de prédications s'y rapportant, la multiplication de *thèmes* divergents devient un obstacle. Les langues mettent à la disposition du scripteur une batterie de moyens qui permettent de signaler l'importance relative des différents référents apparaissant au cours du texte. On a vu plus haut des structures « marquées » où la syntaxe semble être au service de la structure d'information ou de la structure thématique. La syntaxe complexe, par l'effet de relief qu'elle produit, est un procédé particulièrement important de structuration thématique.

Cela dit, il est essentiel de voir que la sélection thématique et le gain de lisibilité qui peut en découler ne sont en relation avec la complexité syntaxique que de façon indirecte, et il serait réducteur de suggérer une corrélation directe entre ces caractéristiques. On peut par exemple imaginer un texte écrit en phrases simples ayant toutes le même thème, tels les récits d'enfants cités par Combettes (1978). Il est peut-être plus juste de dire que la syntaxe – structures « marquées » et syntaxe complexe – peut être exploitée à des fins textuelles et constitue en cela un outil que l'on doit savoir utiliser.

Par ailleurs, cette exploitation de la syntaxe pour guider le lecteur dans son attribution de statut thématique à un référent va de pair avec un autre système de signaux : les caractéristiques du SN lui-même, qui lui confèrent un « potentiel thématique » plus ou moins grand. On peut classer les types de SN selon leur aptitude à désigner un référent, depuis les plus référentiels, ceux qui font de « bons » *thèmes* – noms propres, SN définis – jusqu'aux moins référentiels – SN avec un déterminant générique comme « *n'importe quelle personne* » ou « *tout homme* ».

2.3. Du thème de la phrase au thème du discours

On a passé en revue les signaux qui guident l'identification du thème au niveau de la phrase ; il reste une question essentielle pour l'analyse des textes : celle de la relation entre ces thèmes locaux et ce qui est perçu comme le thème global du texte. Cette articulation *thème local/thème global* est éminemment problématique : il faut en effet concilier la diversité des *thèmes* de phrases et l'impression d'unité thématique globale créée par un texte perçu comme cohérent. Différentes conceptions sont à explorer, selon que l'on pense en termes de construction d'une structure de phrase en phrase – progression thématique – ou de groupements de propositions autour d'un thème commun.

2.3.1. Progressions thématiques

On peut aborder l'articulation *thème local/thème global* en cherchant à suivre les relations thématiques qui unissent les phrases successives dans la chaîne du texte. C'est ce que fait Danes (1974) dont les « progressions thématiques » ont déjà fait l'objet de plusieurs présentations (Combettes, 1988 ; Vigner, 1979). En bref, Danes identifie quatre grands types de progressions, dont l'une est dominante dans un texte donné :
– progression *linéaire simple* : chaque *rhème* (ou partie de rhème) devient le *thème* de la phrase suivante.
– progression à *thème constant* : le même élément réapparaît comme *thème* de phrase en phrase, associé chaque fois à un *rhème* différent.
– progression à *thèmes dérivés* : les *thèmes* successifs sont dérivés d'un *hyperthème* initial.
– progression à *rhème éclaté* : les *thèmes* successifs sont issus d'un *rhème* multiple.

Même en tenant compte d'un cinquième type, la progression à *saut thématique*, dans laquelle certains liens sont omis, il est évident que cette représentation reste théorique. De plus, on peut se demander si le repérage des liens thématiques de phrase en phrase pourra jamais rendre compte de la perception d'un texte comme un tout ayant une cohérence thématique. C'est poser en d'autres termes la question de la relation entre *cohésion* et *cohérence* : perçoit-on une cohérence globale grâce aux liens entre les *thèmes* locaux, ou réussit-on à établir ces liens précisément parce que la lecture est à tout moment orientée par une sorte de *métathème*, formé de connaissances préalables et de ce qui précède dans le texte, et à son tour constamment reformulé ?

2.3.2. Groupements thématiques

On peut également penser le texte comme étant constitué de groupements de propositions autour d'un *thème* commun. Les notions de « paragraphe thématique » (Givón, 1983) ou d'« unité thématique » (Bear, 1983) permettent ainsi de poser un niveau de structure intermédiaire entre phrase et texte. On a vu dans la première partie (2.2.3.) que la qualité des textes d'apprenants peut jusqu'à un certain point être corrélée à la longueur de ces unités : les textes comportant des *thèmes* moins nombreux, et développés sur un plus grand nombre de propositions, sont mieux notés (Witte, 1983b). Mais dans quelle mesure ces groupements rendent-ils compte de la relation entre *thème local* et *thème global* ?

Il semble bien que les notions de *thème* et de *topic*, problématiques mais utiles pour définir un premier niveau de structuration des textes, soient insuffisantes au-delà. D'abord il serait réducteur de penser que non seulement la cohérence globale mais aussi la continuité de phrase en phrase dépendent toujours de la continuité thématique. Ensuite, un modèle de la cohérence fondé sur les unités thématiques serait un modèle largement linéaire, et par conséquent incapable de rendre compte de ce qui se conçoit mieux comme une structure emboîtée complexe. Certes, les modèles présentés ci-dessus autorisent pour la plupart des *thèmes* secondaires, mais ces concessions semblent aller contre la logique du modèle et sont difficiles à conceptualiser. Dans le chapitre suivant, on présente une autre façon de concevoir la structure des textes, mieux à même de rendre compte de leur aspect « poupée russe » (qui fait qu'une unité peut être enchâssée dans une unité de niveau supérieur, elle-même enchâssée dans une autre, et ainsi de suite). Mais je voudrais explorer d'abord une notion sous-jacente à l'idée même de structure textuelle, et qui forme le fondement explicite de certains modèles : la notion de *saillance*.

2.4. Structure et saillance

Une autre façon d'aborder la question de l'identification de la structure d'un texte est de l'associer au repérage d'éléments ou de segments *saillants*. Il existe une notion intuitive très forte de la présence de mots-clés ou de phrases-clés, d'éléments qui ressortent, qui sont mis en relief par rapport au reste. Il est important de chercher à élucider cette notion pour en évaluer la validité et l'utilité. Mais on trouve la caractéristique *élément saillant* attribuée tantôt à la paire *thème-topic* tantôt à la paire *rhème-focus*. Le relief est le fruit de la différence, tout ne peut donc être *saillant*. Le topic est souvent décrit spécifiquement en termes de *saillance* : le locuteur choisit de présenter comme connu le référent jugé comme étant le plus immédiatement présent à l'esprit de l'interlocuteur, en d'autres termes le plus *saillant* à ce stade de l'échange (Chafe, 1976 ; Prince, 1981).

Quant au *rhème* et au *focus*, il sont systématiquement définis en termes de *saillance*. Pour les linguistes de l'École de Prague, le rhème est l'élément qui a le plus haut degré de dynamisme communicatif, c'est-à-dire l'élément primordial de l'information communiquée. Pour de nombreux auteurs, l'objectif même de la structuration thématique est de concentrer le matériau le plus important à la fin de l'énoncé de façon à le rendre plus *saillant (*Werth, 1984, p. 219). Quirk, Greenbaum, Leech et Svartvik, dans leur grammaire de l'anglais (1985), font état d'un principe général d'organisation de l'information dans la phrase qu'ils nomment le « principe du focus final » (« *principle of end-focus* »), et qui s'accorde avec les travaux psycholinguistiques cités plus haut. Selon ce principe, il est normal d'organiser son message de façon à suivre un ordre de valeur d'information croissante, et donc de placer en fin de phrase l'élément le plus *saillant* [12].

---

12. Ce principe a un frère qu'on appelle « le principe du poids final » (« *principle of end-weight* »), défini comme suit : étant donné que l'information *nouvelle* nécessite souvent une formulation plus complète que l'information *connue* (manifestée par une structure plus longue et plus lourde), il n'est pas surprenant qu'un principe d'organisation qu'on peut appeler *poids final* opère conjointement au principe du *focus final*. Ce principe correspond à ce que Reichler et autres décrivent pour le français comme « *la loi de longueur* » (1988, p. 162).

On va essayer de démêler ces paradoxes, tout en apportant des éclaircissements sur les procédés linguistiques de « mise en relief ».

2.4.1. Le « dynamisme communicatif »

Les linguistes de l'École de Prague, et en particulier Firbas (1959, 1966, 1972, 1986), ont élaboré toute une théorie de la communication autour des notions de dynamisme communicatif (DC) et de perspective fonctionnelle de la phrase (PFP). Dans le cadre d'une approche dynamique de la communication, le DC est décrit comme une propriété de la communication en relation avec le développement de l'information à transmettre : plus un élément contribue à ce développement et plus il fait avancer la communication, plus son degré de DC est élevé. La PFP a trait à la répartition des différents degrés de DC dans les éléments d'une phrase ; elle est influencée par des facteurs sémantiques, syntaxiques et contextuels :

I. dépendance par rapport au contexte :

– les éléments dépendants du contexte (*donnés*) sont porteurs du plus faible degré de DC quelle que soit leur position dans la phrase ;

– les éléments indépendants du contexte (*nouveaux*) varient en degré de DC selon leur :

II. structure sémantique

– objet > verbe conjugué[13]
   J'ai lu un livre intéressant.

– circonstanciel de lieu > verbe de mouvement
   (Je ne savais pas) que vous étiez en route vers la gare.

– sujets (dépendants ou indépendants du contexte) des verbes ci-dessus > verbes

– sujet (indépendant du contexte) > verbe d'apparition sur scène
   Un vieillard fit son apparition dans la salle d'attente à cinq heures.

III. disposition linéaire

– quand les critères liés à la dépendance du contexte et à la structure sémantique ne s'appliquent pas, plus un élément apparaît près de la fin de la phrase, plus son degré de DC est élevé.
   Il a donné à un garçon une pomme. / Il a donné une pomme à un garçon.

---

13. > = a un degré de DC supérieur à.

Ces travaux permettent de mettre en rapport différents facteurs impliqués dans les choix de mise en texte, et ce faisant d'établir une relation entre système linguistique et interaction. Ils se limitent toutefois à l'examen de la *saillance* au niveau de la proposition. La question des statuts informationnels (degrés de DC) relatifs aux propositions formant une phrase complexe n'est pas traitée ; et encore moins celle des statuts informationnels des propositions dans un domaine dépassant la phrase. Pourtant, l'idée d'une relation directe entre information principale et proposition principale, information subordonnée et propositions subordonnées présente, intuitivement, un intérêt certain.

2.4.2. Syntaxe et saillance

On a vu plus haut (2.2.2.) qu'un effet pervers de la simplification syntaxique pouvait être la perte de la sélection thématique qui s'opère dans les phrases complexes par la mise à l'arrière-plan des sujets de propositions subordonnées, ou même par leur effacement total. Peut-on mener plus loin l'hypothèse d'un « codage »[14] du statut informationnel par la syntaxe ? Encore faut-il se donner un moyen d'évaluer le statut informationnel qui soit clairement indépendant de la syntaxe. C'est ce qu'a cherché à faire Tomlin (1985) dans une étude pour laquelle il a recueilli un corpus de récits faits à partir d'un dessin animé muet (récits écrits et oraux, produits sur-le-champ et après coup).

Tomlin analyse le dessin animé en termes d'événements délimités de façon objective par une coupure, c'est-à-dire par le passage d'une image à une autre, ou bien par l'apparition ou la disparition d'un personnage. Son hypothèse de départ, selon laquelle la dépendance syntaxique « code » un statut informationnel inférieur (information d'arrière-plan), est confirmée quel que soit le type de récit. L'étude de Tomlin représente une tentative originale de corrélation objective des statuts syntaxique et informationnel ; elle souffre cependant des problèmes souvent associés aux études expérimentales : son caractère artificiel, qui provoque des doutes quant à sa validité dans d'autres contextes, et surtout la simplifica-

---

14. Le terme « codage » impliquerait une relation régulière et totalement fiable entre forme syntaxique et statut informationnel.

tion de la relation entre stimulus visuel et production verbale, qui amène l'auteur – très conscient du problème – à présumer qu'on peut déterminer l'importance des propositions dans le discours (avant ou arrière-plan) en fonction des propriétés du stimulus visuel.

Ce qui est intéressant dans cette étude, c'est qu'elle prend le discours, ou le fragment de discours, comme domaine d'examen de la *saillance*, et qu'elle propose de définir la distinction avant-/arrière-plan comme un *continuum*, « *permettant de placer une proposition individuelle parmi d'autres selon son importance ou sa "centralité" par rapport au thème du discours* » (Tomlin, 1985, p. 89)[15]. Si on cherche à exploiter la notion de *saillance* dans un effort de compréhension de la structure des textes, une simple notion binaire [± *saillant*] est insuffisante. Cela reviendrait à dire que la structure d'un texte est représentée de façon adéquate rien qu'en mettant en caractères gras les propositions principales :

Ex. 16 : Le mistral. – **En dehors de l'été,** où souffle la brise marine, **les vents se dirigent vers la mer,** attirés par les basses pressions qui règnent sur la Méditerranée. Lorsque le mistral se déchaîne, **il « tombe » des hauteurs souvent enneigées du Massif Central,** où le baromètre reste élevé, pour abaisser en peu de temps la température. **Il accentue la sécheresse par évaporation ; les paysans appellent « mange fange » ce roi des vents provençaux ; à peine souffle-t-il qu'il sèche les routes,** soulevant des nuages de poussière. **Sous les rafales de ce vent violent, le « Maître » en provençal, le Rhône roule des vagues, les étangs se couvrent d'écume, les autos et les trains voient leur marche ralentie. Après quelques heures et sans transition, tout rentre dans l'ordre.**

(D'après *le Guide du tourisme Michelin : Provence*, 1982, p. 7)

Tomlin ne tient aucun compte de la disposition linéaire des éléments à l'intérieur de la phrase, si importante pour les linguistes de l'École de Prague. D'autres auteurs, au contraire, considèrent spécifiquement l'interaction entre certaines formes de subordination et la position dans la phrase. Dans une étude sur les subordonnées de but en anglais écrit, Thompson (1985) en vient à conclure qu'il existe en fait deux constructions distinctes selon que ces propositions se trouvent à l'initiale ou à la finale de la phrase : à l'initiale,

---

15. « permitting an individual proposition to be ranked against others in terms of its importance or centrality to the discourse theme. »

elles ont pour fonction de guider l'attention du lecteur d'une façon très spécifique, en nommant un problème annoncé par ce qui précède, et auquel le reste de la phrase fournit une solution. En position finale, elles présentent simplement le but pour lequel l'action nommée dans la proposition précédente est ou a été entreprise. On retrouve ces deux fonctions en français :

> Ex. 17 : (À la fin d'une recette intitulée : «Barbue pochée au beurre fondu») Conseil : Pour que le beurre fondu soit limpide, clarifiez-le en le versant tout doucement dans la saucière : le dépôt blanchâtre restera au fond de la casserole.

> Ex. 18 : N'oubliez surtout pas de couvrir le plat avec une feuille d'aluminium pour empêcher le dessèchement.

Si l'on tente de faire une synthèse de l'interaction entre statut syntaxique et disposition linéaire, on peut dire que les propositions subordonnées finales font partie du *rhème*, elles présentent une information nouvelle et donc saillante, mais de pertinence locale, limitée à la phrase ; les propositions subordonnées initiales en revanche (toujours des circonstancielles, qui sont les seules à pouvoir se déplacer ainsi) ont un rôle thématique, elles font référence à des informations connues, mais saillantes également puisque c'est leur report de phrase en phrase qui assure la cohésion du texte.

Deux conclusions partielles semblent pouvoir être tirées à ce stade de l'examen du rôle de la syntaxe dans la *saillance* :
– en français comme en anglais, il faut tenir compte de l'interaction de la syntaxe avec la disposition linéaire ;
– il semble qu'une distinction se profile entre une *saillance thématique*, ayant pour domaine le texte ou le segment de texte, et une *saillance rhématique*, purement locale.

On s'éloigne donc d'une vision principalement binaire pour s'acheminer vers une conception plus complexe mais plus riche, dans laquelle syntaxe, structure d'information et structure thématique s'enchevêtrent.

On verra dans le chapitre suivant que la notion de hiérarchisation de l'information réalisée par la syntaxe peut être intégrée dans la modélisation d'un autre niveau de structure : la *structure rhétorique*. Étudiées dans leur interaction, les notions de *structure d'information*, de *structure thématique* et de *saillance* expliquent bon nombre de choix de mise en texte – ordre des constituants, hiérarchisation syntaxique – et permettent de conceptualiser deux niveaux assez grossiers de structure textuelle : la constitution de blocs autour d'un thème et la mise à l'avant-plan de certains éléments. Elles représentent des outils précieux pour comprendre certaines « déviances » textuelles dans les productions d'apprenants. Elles sont toutefois impuissantes à rendre compte de ce qui relie entre eux ces blocs thématiques, et *a fortiori* de la relation que ces groupements et ces mises en relief entretiennent avec les intentions de communication du scripteur.

3

La structure rhétorique

Lire un texte, c'est construire à partir d'une séquence linéaire de propositions une structure de sens non linéaire, multidimensionnelle, dans laquelle référents et prédicats entretiennent des relations complexes, et dans laquelle emboîtements et liens entre éléments non contigus sont la norme. Une représentation qui ne fait que regrouper des « paquets » d'éléments textuels entre eux – des unités thématiques par exemple – reste essentiellement linéaire, et par conséquent insuffisante pour rendre compte d'une structure enchâssée complexe. Les psychologues cognitivistes sont d'accord pour reconnaître l'importance, dans le traitement et la mise en mémoire d'informations complexes, du processus appelé « *chunking* » (Johnson-Laird, 1988) au moyen duquel les éléments d'information se trouvent regroupés en blocs hiérarchisés. La notion de structure hiérarchisée est primordiale, et plutôt que de se représenter le texte comme une chaîne, même avec des maillons « complexes », il est préférable de le visualiser comme une poupée russe. De plus, la nature des relations qui unissent les éléments à l'intérieur d'un bloc et les blocs entre eux est également cruciale pour l'interprétation. J'appelle *structure rhétorique* ce complexe de relations hiérarchisées entre propositions et groupes de propositions.

3.1. Représenter la structure rhétorique

Ex. 1 : J'ai faim. Si on allait au Vent de Sable.

De manière à donner un sens cohérent à l'exemple ci-dessus, on est amené à créer une relation entre les deux propositions, à considérer par exemple que la seconde fournit une solution au problème posé par la première. Selon Mann et Thompson (1986, 1988a et b), cela équivaut à poser une proposition intermédiaire, non exprimée, mais sans laquelle l'énoncé n'est pas cohérent. Ces auteurs font de cette proposition intermédiaire, appelée « proposition relationnelle », le concept de base de leur « théorie de la structure des textes » [16]. Le fait de poser ainsi l'existence de liens – eux-mêmes de nature propositionnelle – entre les propositions place leur théorie au sein d'une longue tradition en linguistique et en rhétorique (voir Beekman et Callow, 1974 ; Grimes, 1975 ; Longacre, 1976) [17]. La théorie de la structure rhétorique de Mann et Thompson innove cependant, d'une part dans son souci d'être la plus explicite possible dans ses définitions, et d'autre part dans le parallélisme qu'elle pose entre les différents niveaux de structure, de la phrase au texte. Ainsi, de même qu'une phrase peut être composée de deux propositions reliées par une relation de causalité, un paragraphe ou un texte entier peut être construit, à un autre niveau d'analyse, avec deux séquences reliées par une relation de causalité. Les vingt-trois relations définies par les auteurs peuvent donc s'appliquer à des unités de texte de n'importe quel ordre.

Je propose ci-dessous une présentation plus détaillée et illustrée du modèle de Mann et Thompson, qui me semble être à la fois la plus élaborée et la plus puissante des théories de la structure textuelle fondées sur les relations entre propositions, et celle qui inspire actuellement le plus de travaux, qu'il s'agisse de perfectionnement du modèle (Hovy, 1989 ; 1990) ou d'application en didactique (O'Brien, 1992).

---

16. « *Rhetorical Structure Theory.* »

17. On a vu également dans la première partie (2.2.3.) une approche de l'évaluation des textes en L2 fondée sur l'analyse de la densité de propositions rhétoriques (Jacobs, 1981).

3.2. Propositions relationnelles

Elles sont définies comme le phénomène discursif «*par lequel des propositions implicites se dégagent des combinaisons de propositions dans le texte*» (Mann et Thompson, 1986, pp. 88-89) [18]. Elles sont indispensables à la cohérence ; en même temps, en accord avec la conception cyclique de la compréhension présentée au début de cette partie, elles découlent à la fois du fait que le lecteur part du principe que le texte est cohérent et de son interprétation partielle du texte jusque-là.

Toute relation comporte un *noyau* et un *satellite* : dans l'exemple 1 le satellite est le problème et le noyau la solution. Les satellites réalisent des objectifs (discursifs) secondaires par rapport à l'objectif central réalisé par le noyau, ici la proposition d'«*aller au restaurant*». Les vingt-trois relations (tableau 1), qui ne constituent pas un inventaire clos, sont définies entre autres en fonction de l'effet recherché sur le lecteur. Elles sont classées en deux grandes catégories : *référentielles* et *présentationnelles*. Sont appelées référentielles – on pourrait également dire sémantiques – les relations à l'intérieur de l'univers créé par le discours ; les relations présentationnelles – ou pragmatiques – ont trait à l'interaction entre texte et lecteur.

---

18. «whereby implicit propositions arise from combinations of clauses in the text.»

Tableau 1 : *classification des relations*

Relations référentielles	Relations présentationnelles
Élaboration	Motivation (accroît le désir)
Circonstance	Antithèse (accroît la considération positive)
Solution	Antécédents (accroît la capacité)
Cause (action voulue)	Pouvoir (accroît la capacité)
Cause (action non voulue)	Démonstration (accroît la croyance)
Résultat (action voulue)	Justification (accroît l'acceptation)
Résultat (action non voulue)	Concession (accroît la considération positive)
But	
Condition	
Autrement	
Interprétation	
Évaluation	
Reformulation	
Résumé	
Suite	
Contraste	

Je donne ci-dessous la définition détaillée de la relation *Motivation,* que l'exemple présenté dans la section 3.3. *infra* illustre abondamment. Il s'agit d'une définition essentiellement pragmatique, qui présente de façon standardisée les contraintes auxquelles sont soumis les éléments de la relation et leur combinaison, ainsi que l'effet visé.

Motivation

N = noyau
S = satellite
L = lecteur

Contraintes sur N : N présente une action dans laquelle le lecteur (L) est un acteur et qui n'est pas encore réalisée par rapport au contexte de N.

Contraintes sur la combinaison N + S : La compréhension de S augmente chez L le désir de réaliser l'action présentée en N.

Effet : Le désir de L de réaliser l'action présentée en N est augmenté.

Les segments unis par des relations forment des schémas. L'exemple 1 sera représenté comme suit :

Tableau 2 : *schéma*

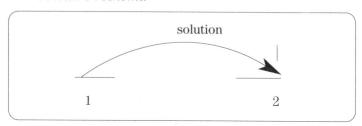

3.3. Relations entre propositions et structure globale du texte

Le schéma qui précède représente un « texte » composé de deux phrases simples. Il pourrait tout aussi bien représenter un paragraphe ou un texte beaucoup plus long et complexe. Mann et Thompson (1988a et b) donnent l'exemple d'un texte publicitaire dont la première phrase soulève un problème : « *Que faire pour éviter de devoir constamment nettoyer les lecteurs de disquettes souples* ? » ; une solution est ensuite proposée en quatorze propositions. La structure globale reste la même que dans le schéma du tableau 2, mais avec un segment complexe pour le noyau, qui peut lui-même être décomposé en plusieurs types et plusieurs niveaux de relations. Ainsi, un texte n'est cohérent que s'il est possible de regrouper toutes ses parties en un schéma englobant. Je propose ci-dessous une analyse d'un tract diffusé par l'organisation S.O.S. Racisme. Le texte est d'abord découpé en segments – dont la définition reste assez vague dans l'exposé de la théorie – numérotés ici de 1 à 18. À la suite du texte, le tableau 3 représente tous les schémas de relation identifiés, à différents niveaux d'enchâssement, dans le texte (voir pp. 90-91).

Au premier niveau d'analyse, le texte entier est conçu comme formé de deux segments reliés par une relation de « motivation ». Le segment 17-18, l'appel direct au lecteur qui est la raison d'être du tract, constitue le noyau de la relation, précédé par un satellite (segment 1-16) dont l'effet recherché est d'inciter le lecteur à réagir à cet appel. Au second niveau d'analyse, ce satellite 1-16, qui représente la majeure partie du tract, s'organise, selon un mode rhétorique bien établi, en deux segments reliés par une relation de « solution » : on pose un problème (dans le satellite 1-5) de façon à introduire une proposition de solution (dans le noyau 6-16). Le segment 18, qui conclut le tract par une injonction – « *Alors qu'attendez-vous ?* » – est comme 1-16 dans une relation de motivation avec le segment 17. Au troisième niveau d'analyse, le satellite 1-4 introduit le cadre permettant la compréhension des « questions rhétoriques » posées dans le segment 5 ; le satellite 6-13, avec l'idée de la solidarité dans la différence, présente le mode de pensée qui a conduit à la création du mouvement S.O.S. Racisme (noyau 14-16). Je ne chercherai pas à commenter toutes les relations de manière exhaustive, mais je tiens à signaler le parallélisme des segments 6-8 et 9-11, que j'ai interprétés comme étant reliés par la relation neutre de « suite » : à l'intérieur de chacun, on trouve la même structure, un noyau initial suivi par un satellite de « justification », qui lui-même s'analyse dans les deux cas en un noyau et une « élaboration. »

S.O.S. RACISME [19]

1. Pas un jour sans qu'un Immigré, un Étranger, un Basané, un Juif ne soit victime de manifestations violentes d'intolérance.

2. Banalisation de l'antisémitisme :

3. on cherche même à justifier l'injustifiable par la crise, la délinquance, la dénatalité.

4. Voilà la réalité dans laquelle nous nous installons progressivement.

5. FATAL LE RACISME ? BANAL LE RACISME ?

6. NON, nous ne pouvons accepter que le venin du racisme s'insinue entre nous.

7. Nous, jeunes et adultes, dans nos études, nos boulots, nos cités, notre vie quotidienne nous vivons autre chose.

8. Français, Immigrés, Arabes, Asiatiques, nos loisirs, notre musique, nos amitiés ne connaissent pas de frontières.

9. Nous ne nous dresserons pas les uns contre les autres.

10. SOLIDAIRES, nous vivons avec nos DIFFÉRENCES,

11. elles sont notre richesse et notre chance, dans le respect de chacun, qu'il soit d'une autre couleur, d'un autre sexe ou d'une autre culture.

12. À chaque poison il faut un antidote.

13. L'antidote au racisme c'est la solidarité, l'amitié : C'EST NOUS MÊMES.

14. Voilà pourquoi il y a quatre mois des jeunes et des adultes venus de tous les horizons politiques, religieux ou philosophiques, nous avons lancé un cri d'alarme et créé S.O.S. RACISME.

15. Nous voulons sortir du silence le racisme quotidien,

16. nous voulons que dans tout le pays des milliers de jeunes et d'adultes, d'hommes et de femmes disent avec nous

« TOUCHE PAS À MON POTE »

17. Dans la grande chaîne de solidarité que nous voulons tresser à travers toute la France, vous pouvez prendre votre place et nous aider.

18. Alors qu'attendez-vous ?

---

19. Les mises en valeur typographiques sont celles de l'original.

Tableau 3 : *structure rhétorique de « S.O.S. RACISME »*

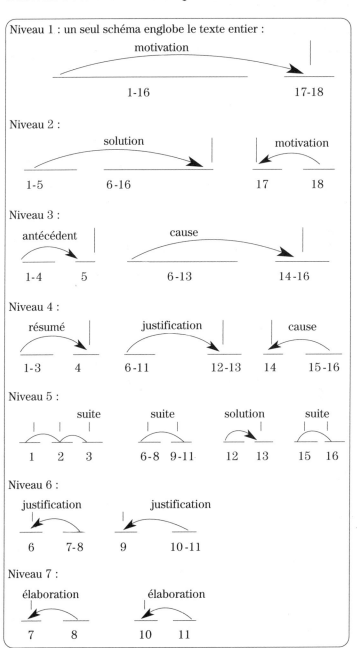

3.4. Signalisation des relations

Les propositions relationnelles sont indépendantes de toute signalisation spécifique : elles peuvent ne pas être signalées, et lorsqu'elles le sont, elles peuvent l'être par des signaux très divers. Cela rejoint la conception de la relation entre *cohésion* et *cohérence* développée ici. On peut s'attendre à ce que la nécessité de cohérence explicite évoquée dans le premier chapitre de cette partie influence l'écrit en situation d'apprentissage dans le sens d'une plus forte signalisation. Mais il demeure que les relations peuvent exister sans signalisation – voir l'exemple 1 – et que les formes de signalisation possibles vont bien au-delà des connecteurs « classiques ». Mann et Thompson proposent une analyse radicale de ces signaux :

> *À notre avis les termes qu'on appelle communément « signaux » ne « signalent » pas en fait les propositions relationnelles de manière directe. Une meilleure façon de décrire leur fonction serait de dire qu'ils imposent des contraintes quant à l'interprétation des propositions relationnelles. [...] Selon nous ce sont les relations implicites qui sont importantes, et les conjonctions peuvent éventuellement intervenir pour limiter la gamme des propositions relationnelles possibles à un point donné du texte.* (Mann et Thompson 1986, p. 71) [20]

Un aspect intéressant de la signalisation des propositions relationnelles, bien que marginal par rapport à la théorie de la structure rhétorique, est constitué par le lien entre le « relief » créé par la structure syntaxique des phrases et la distinction *noyau/satellite* dans les schémas produits par les relations. Matthiessen et Thompson (1988) voient dans la subordination une grammaticalisation de la relation hié-

---

20. « *It is our view that what we have been calling "signals" do not actually "signal" relational propositions in any direct way. A more appropriate description of their function would be that they constrain the interpretation of relational propositions. [...] Our point is that it is the implicit relations which are important, with the conjunctions acting occasionally to constrain the range of possible relational propositions which can arise at a given point in a text.* »

rarchique entre noyau et satellite : au niveau de la phrase, les satellites, qui représentent des objectifs discursifs secondaires ou dépendants, sont réalisés par des propositions subordonnées alors que le noyau réalise l'objectif discursif principal. Cela rejoint la notion de mise en relief syntaxique exposée dans le chapitre précédent, mais en l'intégrant à part entière dans une théorie de la structure rhétorique.

3.5. Évaluation du modèle

Modélisation puissante et ambitieuse de la mise en texte, la théorie de la structure rhétorique est difficile à utiliser. Les auteurs sont conscients du fait que l'analyse reste très subjective, et donc aléatoire : des analyses d'un même texte produites par des analystes différents risquent d'être divergentes, et l'analyse répétée du même texte par le même analyste peut produire des résultats différents ; cette remarque est confirmée – avec un certain désespoir – par les chercheurs utilisant le modèle. Mann et Thompson défendent cet aspect imprévisible de l'analyse en le rapprochant du caractère aléatoire inhérent à toute communication linguistique : les analystes sont des lecteurs comme les autres, leur interprétation a la même validité que celle d'autres lecteurs, ni plus ni moins. De plus il s'agit d'une théorie en cours d'élaboration et les auteurs s'attachent davantage au perfectionnement de leur représentation qu'à son utilisation. J'ai tenu néanmoins à présenter ce modèle parce qu'il me paraît répondre en partie à certaines préoccupations des didacticiens de l'écrit, qui, à leur tour, pourront contribuer à son développement (voir chapitre 2, 3e partie).

4

Langue, parole
et typologie des textes

4.1. Classer les textes :
pourquoi ?

Les deux niveaux de structure traités dans les chapitres précédents – structure thématique et structure rhétorique – n'appartiennent pas à la *langue* : leurs manifestations sont des phénomènes de *parole*, qui ont trait à la relation entre les interlocuteurs en situation d'énonciation et qui reflètent des considérations pragmatiques – telles que l'effet recherché par le locuteur ou ses pré-construits quant aux connaissances partagées avec l'interlocuteur. On peut alors se demander dans quelle mesure il est possible de formuler une quelconque généralisation puisque chaque situation de parole est unique, ancrée comme elle l'est dans la réalité d'un lieu, d'un moment, etc. Pourtant j'ai jusqu'ici prétendu qu'il existait des marques d'opérations de mise en texte repérables et assez fiables pour être utilisées par les didacticiens.

Il semble nécessaire, pour surmonter ces paradoxes, de passer par un stade supplémentaire de réflexion sur le texte. Chaque instance de parole est certes unique, comme chaque locuteur et chaque situation, mais ces « spécimens » peuvent se regrouper en un nombre limité de *types*. Par conséquent, si les marques de structuration thématique ou rhétorique ne font pas partie de la grammaire générale de la langue, leur utilisation est en revanche jusqu'à un certain point prévisible à l'intérieur d'un *type de texte* donné. Mais, comme les textes sont des objets complexes, classifiables selon toute une gamme de caractéristiques, et que différentes classifications s'adaptent à différents besoins, on trouvera ici, plutôt qu'une typologie « prête à l'emploi », une réflexion sur l'activité typologique.

La nécessité d'une base typologique pour l'analyse des textes correspond non seulement au besoin de généraliser à partir de situations uniques mais aussi à celui d'éviter des généralisations abusives. Ainsi, certaines études prétendent, à partir d'une analyse comparative de conversations spontanées et de textes scientifiques, rendre compte des différences entre « langue orale » et « langue écrite ». Pour reprendre Biber :

> *Une typologie des textes est une base indispensable à toute analyse comparative de registre, que ce soit entre écrit et oral, textes soutenus et relâchés, codes restreint et élaboré, styles littéraire et familier, « bons » et « mauvais » devoirs d'étudiants, périodes historiques distantes, etc., de façon à situer des textes spécifiques par rapport à la gamme de textes en anglais.* (1989, p. 4) [21]

Cette réflexion typologique devient plus nécessaire encore lorsque, dans le contexte de l'apprentissage d'une langue étrangère, on cherche à comparer des textes produits dans des contextes linguistiques et culturels différents.

4.2. Classer les textes : Comment ?

On pourrait pour commencer opposer deux approches « idéales » de la classification des textes : une approche « empirique », qui partirait d'une analyse tous azimuts des textes pour chercher à en faire émerger des différences mesurables, et une approche « théorique » dont le point de départ serait de poser des catégories textuelles prédéterminées, que l'analyse chercherait à décrire et en quelque sorte à valider, qu'il s'agisse simplement des catégories du quoti-

---

21. « A typology of texts is a research prerequisite to any comparative register analysis, whether of speech and writing, formal and informal texts, restricted and elaborated codes, literary and colloquial styles, "good" and "bad" student compositions, early and late historical periods, or whatever, to situate particular texts relative to the range of texts in English. »

dien (« degré zéro » de la théorie) ou d'un modèle savant de
la communication.

Typologies
empiriques

(les types ressortent
d'analyses de corpus)

Typologies
théoriques

(les types se fondent
sur un modèle de la
communication)

Ces deux approches sont « idéales » en ce sens qu'elles
représentent les deux points extrêmes d'un continuum : en
effet, toute approche empirique est guidée par des hypothèses de départ, plus ou moins explicites sans doute, mais
inévitables ; par ailleurs toute théorie de la diversité textuelle
est en partie fondée sur les différences observables à la surface des textes. Il est utile néanmoins de distinguer ces deux
démarches pour éviter le piège tautologique qui fait que, partant d'une caractéristique linguistique observable pour poser
l'existence d'un type textuel, on se satisfait ensuite, comme
confirmation de l'existence du type de texte en question, de
l'observation de cette caractéristique dans un corpus. Ce qui
paraît digne d'intérêt, c'est précisément de chercher à corréler la présence de marqueurs spécifiques avec des critères
externes tels que *domaine, lecteur présumé* ou *finalité du
texte.*

4.2.1. La démarche empirique

Peu de travaux se situent à l'extrêmité empirique du
continuum évoqué ci-dessus : on peut citer Grabe (1987) et
surtout Biber (1988, 1989). Celui-ci a pratiqué des analyses
quantitatives complexes sur des corpus de grande taille pour
identifier des regroupements de caractéristiques linguistiques
constituant la base empirique d'une classification des textes.
Le modèle mis en œuvre s'appuie sur soixante-sept traits linguistiques appartenant à seize catégories, qui incluent marqueurs de temps et d'aspect, adverbes de lieu et de temps,
pronoms et pro-verbes, passifs, caractéristiques de subordination, modaux, classes lexicales. Les traits linguistiques se
regroupent en configurations que Biber nomme *dimensions* ;
par exemple la co-occurrence d'infinitifs, de modaux de prédiction, de nécessité et de possibilité, de verbes de persua-

sion et de subordination conditionnelle caractérise la dimension « expression ouverte de la persuasion ».

Cette méthode permet de faire ressortir huit grands types :
– interaction interpersonnelle intime
– interaction à but informatif
– exposé scientifique
– exposé savant
– exposé narratif général
– récit d'imagination
– reportage en situation
– persuasion impliquée.

Les distinctions entre ces *types* sont d'abord linguistiques, et s'ils s'accommodent bien d'étiquettes fonctionnelles, c'est parce que *co-occurrence linguistique* et *fonction* vont de pair. La démarche suivie pour arriver à la
corrélation entre type fonctionnel et caractéristiques linguistiques n'en est pas moins radicalement différente de celle
des typologies « théoriques », qui reposent sur une catégorisation fonctionnelle initiale.

Les travaux réunis dans l'ouvrage coordonné par Bronckart (1985) précèdent ceux de Biber mais peuvent en être
rapprochés, à la fois sur le plan de la méthodologie et des
résultats. Il faut pourtant les situer plus au centre du continuum puisqu'ils cherchent d'emblée à mettre en corrélation
une approche empirique (analyses d'éléments repérables
dans des corpus et analyses statistiques sur les résultats)
avec une classification issue d'un modèle de la production
des textes dans son contexte social. On y trouve, outre des
résultats particulièrement intéressants pour le français, une
réflexion précieuse sur le mouvement dialectique qui s'établit
entre réflexion théorique et observation empirique. Les chercheurs genevois distinguent trois situations d'énonciation
contrastées : *discours en situation, discours théorique* et
narration ; les caractéristiques linguistiques prises en
compte sont celles qui sont généralement associées aux facteurs énonciatifs – personnes et temps du discours, modalité
d'énonciation et modalité d'énoncé – ainsi que la densité syn-
tagmatique, la fréquence des passifs, des verbes d'état, des
nominalisations et des « organisateurs de texte ».

4.2.2. La démarche « théorique » : typologies fondées sur des modèles de la communication

On trouvera une réflexion plus récente de Bronckart sur les typologies dans la perspective de la diversification de l'enseignement du français dans un numéro des *Études de linguistique appliquée* intitulé « Textes, discours, types et genres » (n° 83, 1991). Ce numéro entièrement consacré à une réflexion sur la classification des discours en linguistique et en didactique fait suite à des numéros de *Langue française* (« La typologie des discours », n° 74, 1987) et de *Pratiques* (« Les types de textes », n° 56, 1987 et « Classer les textes », n° 62, 1989). La démarche typologique est donc à l'ordre du jour dans l'univers linguistique et didactique francophone, et je ne tenterai pas de reproduire les tentatives de typologies des typologies que le lecteur pourra y trouver (voir en particulier Petitjean, 1989). Les typologies présentées, proposées ou critiquées dans ces pages, relèvent pour la plupart de l'extrêmité « théorique » du continuum : elles reposent sur différents modèles de l'activité de communication, et tendent à focaliser un aspect de cette activité complexe.

On peut par exemple classer les textes en fonction des contextes sociaux dans lesquels ils sont produits ; c'est ainsi qu'on parle de textes « juridiques », « scientifiques », « journalistiques ». Dans l'ouvrage cité plus haut, Bronckart (1985) propose une liste non exhaustive de *lieux sociaux* parmi lesquels on trouve les institutions économiques et commerciales, étatico-politiques, académico-scientifiques, médiatiques. À l'intérieur des catégories ainsi déterminées, une autre forme de classification prend en compte le type de rapport entre les participants : statuts relatifs, connaissances partagées, etc.

Le schéma de la communication de Bühler, repris par Jakobson (1960), fournit la base d'un type de classification encore différent, fondé sur la fonction de communication, elle-même déterminée selon la composante de la communication (destinateur, destinataire, contexte, message, contact, code) sur laquelle est centré le texte : on parle ainsi de textes *expressifs* – centrés sur le destinateur ; *conatifs* – centrés sur le destinataire ; ou *référentiels* – centrés sur le contexte.

La typologie peut-être la plus utilisée en didactique, aussi bien dans la tradition anglo-saxonne que francophone, est celle issue de la rhétorique, qui distingue quatre grands types : *narratif, descriptif, expositif, argumentatif* (voir 1re partie, 1.2.3. et 2.1.2.). Werlich en donne une interprétation cognitive, en définissant les types en fonction de « foyers conceptuels » dominants, comme la perception dans le temps pour la narration, ou la prise de position dans l'argumentation (Werlich, 1975).

4.2.3. Des textes hétérogènes

Les tenants des fonctions du langage comme ceux des foyers conceptuels concèdent que les textes appartiennent rarement à une seule classe : dans un texte publicitaire par exemple la fonction *conative* est forcément dominante, puisque par définition il est centré sur le destinataire qu'on cherche à influencer, mais cette fonction conative globale peut être réalisée par un texte référentiel. Pour les typologies rhétorico-cognitives, Adam en particulier propose une articulation supplémentaire et définit des « séquences » – narratives, descriptives, instructionnelles, argumentatives, explicatives et conversationnelles – qui composent un texte hétérogène mais généralement dominé par un type de séquence. Ainsi, dans un récit, on trouvera fréquemment des séquences descriptives et conversationnelles enchâssées dans des séquences narratives (Adam, 1987, 1990).

La question de l'hétérogénéité des textes est de plus en plus prise en compte dans les travaux typologiques. Roulet (1991) en rend compte au moyen d'un modèle qui combine une hiérarchie de types (« délibération », « narration », « procédure » comme sous-types d'« intervention ») avec des traits [± argumentatif]. Biber aborde également cette question et rassérène le typologiste en constatant que les textes, qui pourraient en principe se trouver dispersés à travers toutes les caractérisations possibles, se regroupent en fait pour la majorité d'entre eux dans un nombre limité de classes linguistiques et fonctionnelles. Et il conclut joliment :

> *C'est ainsi que la typologie structure l'espace multidimensionnel de la variation textuelle, sans toutefois nier la nature continue de cet espace.* (Biber 1989, p. 41) [22]

---

22. « The typology thus gives structure to the multidimensional space of textual variation, even though it does not negate the continuous nature of that space. »

4.3. Typologies et productions d'apprenants

Dans le cadre de l'analyse des productions écrites d'apprenants, la classification des textes pose d'autres questions. Il faut d'une part cerner la spécificité de l'écrit en situation d'apprentissage, d'autre part sélectionner les critères typologiques en fonction de leur pertinence pour ce type d'analyse. Dans la terminologie de Halliday (Halliday, 1978; Halliday et Hasan, 1989; reprise dans le cadre de la didactique de l'écrit par Swales, 1990), l'écrit en situation scolaire constitue un « genre » en soi : il appartient à une communauté de discours particulière et peut se caractériser en termes de *champs*, de *teneurs* et de *modes*. Au niveau des opérations discursives et énonciatives, on peut noter le double fonctionnement de l'écrit en situation d'apprentissage : il est toujours *argumentatif* puisque le but est, quel que soit le sujet traité, d'exhiber connaissances et compétences de manière à convaincre le lecteur-évaluateur; en même temps, un aspect important de ces connaissances/compétences concerne précisément le respect des conventions liées au type de texte exigé par le sujet (implicitement ou explicitement) : « raconter », « discuter », « décrire », etc. On pourrait en fait attribuer un trait constant [+ argumentatif] à tout texte en situation d'apprentissage (voir Roulet, 1991). Il y a lieu de se demander dans quelle mesure ce « métaniveau » de structuration discursive va laisser des traces alors qu'il entre en quelque sorte en concurrence avec le niveau de structuration discursive « à afficher ».

Lorsque l'on considère la question : « quels critères pour quels besoins d'analyse ? », on prend conscience que le didacticien-analyste, qui cherche des correspondances entre caractéristiques linguistiques et types de texte dans le but double de guider et d'évaluer les apprenants, est dans une large mesure prisonnier des typologies implicites d'une certaine tradition scolaire ou universitaire, typologies qui transparaissent dans les sujets de « rédaction » ou de « dissertation ». Cette tradition est bien sûr en constante évolution et fait en ce moment l'objet d'une réflexion intense comme en témoignent les numéros spéciaux de revues spécialisées mentionnés plus haut. Mais l'important pour l'apprenant comme pour le didacticien, c'est que les marqueurs qui sont actuellement associés par convention à un type de texte, déterminé également par convention, soient présents et correctement utilisés. La recherche d'un empirisme plus poussé (à la Biber, *supra*) trouve ici ses limites puisque ce qu'on demande aux appprenants est de respecter des normes idéales plutôt que de copier les textes de la réalité quotidienne.

Tout se passe comme si les opérations de mise en texte laissaient des marques à la surface des textes, marques à leur tour utilisables par le lecteur comme signaux ou panneaux indicateurs. La recherche de ces marques constitue une sorte de micro-pragmatique : par l'intermédiaire de la structure thématique et de la structure rhétorique (chapitres 2 et 3 *supra)*, elles semblent intimement liées aux préconstruits des participants, en particulier à ceux du scripteur quant aux connaissances partagées avec le lecteur présumé et aux objectifs discursifs poursuivis. Les travaux de Biber et ceux de Bronckart se concentrent sur les marques de ce qu'on pourrait appeler la « posture énonciative » qui sous-tend le texte. Pour l'écrit en situation d'apprentissage, il s'agira de dimensions spécifiques – liées au sujet à traiter – tels le degré d'implication, la « posture » narrative ou persuasive, et surtout le fait que la référence est indépendante de la situation. Cette caractéristique est développée par Bouchard (1991), qui porte un regard un peu différent sur « l'événement communicatif » ; il reprend en l'élaborant la distinction oral/écrit :

oral (dialogal)	écrit
processus unique	processus éclaté
immédiat	différé
interaction (polygéré)	discursivité (monogéré)
dépendance contextuelle	autonomie contextuelle

Les traits résumés dans la colonne de droite caractérisent l'écrit en situation d'apprentissage. Ils ont de nombreuses implications dans la mise en texte, et ce pour les deux types de structures – thématique et rhétorique – définis dans les chapitres précédents.

4.3.1. Marques de structure thématique

Le caractère « différé » de l'écrit, ainsi que l'autonomie contextuelle qui en découle, a pour conséquence que les référents principaux, ceux qui vont jouer un rôle thématique, doivent être introduits clairement – puisqu'on ne peut compter sur leur présence dans le contexte – et présentés en tant que *thèmes* – au moyen des procédés exposés au chapitre 2 *supra*. L'analyse de la nature de ces référents principaux peut alors fournir un second niveau de classification. Bouchard (1991) propose la catégorisation suivante, dans laquelle il définit les types de discours écrit en fonction de leurs référents principaux :

– discours narratifs : événements
– discours descriptifs : entités matérielles
– discours expositifs : ensembles conceptuels

On a ici un point de contact entre *type de texte* et actualisation textuelle qui peut être utile au didacticien : un type de texte correspond à un type de thème. Cette correspondance, qui a besoin d'être précisée – en particulier pour tenir compte de l'hétérogénéité qui caractérise la plupart des textes –, est confirmée par les observations suivantes.

Dans un corpus de textes d'étudiants en français L1 et L2 et en anglais L1 (voir 3e partie, 1.1.), certains textes ont été jugés plus « conformes » à la consigne que d'autres. Cette consigne exigeait explicitement un texte argumentatif (« *Défendez votre position...* ») qui devait s'appuyer sur des données fournies sous forme de tableaux statistiques. L'analyse montre que l'intégration des données dans l'argumentation a posé problème à bon nombre d'apprenants en L2. Dans de nombreux cas, leurs textes semblaient dominés par les données, qui jouaient fréquemment un rôle thématique, par exemple au moyen de groupes prépositionnels antéposés (« *De 1960 à 1970...* », « *En Grande-Bretagne...* »). Ces thèmes chronologiques ou géographiques finissent par imposer aux textes une structure thématique factuelle plutôt qu'argumentative, les faisant basculer dans un type de texte inapproprié par rapport à la consigne.

Voici donc un point de contact entre structure thématique, typologies textuelles et évaluation de l'écrit. La réflexion typologique s'impose non seulement parce que nombre de marqueurs de la cohérence textuelle sont spécifiques à un type de texte, mais aussi parce que la cohérence peut également se définir en fonction de l'événement communicatif dans son ensemble, en termes d'adéquation à la situation, et donc, dans un contexte d'apprentissage, en termes de respect du type de texte exigé. Cela va également s'appliquer aux marques du second niveau de structure : la structure rhétorique.

4.3.2. Marques de structure rhétorique

Si le fait d'appartenir clairement à un type de texte fait partie de la cohérence, l'analyse de la structure rhétorique fournit un autre moyen de mettre en relation surface textuelle et cohérence. La présence – et la fréquence relative – de certaines relations peut être considérée comme indicative de l'adéquation à une situation donnée. Dans le contexte scolaire et universitaire, cela peut vouloir dire qu'à certaines consignes peuvent être associées certaines relations ou configurations de relations. On verra dans la troisième partie (3.2.3.) que certaines configurations de relations sont plus ou moins appropriées à une consigne de définition, et que la présence de certaines relations semble être une condition indispensable pour qu'un texte soit interprété comme une définition. Ainsi si la relation d'identification – réalisée le plus souvent par « X est Y » ou « X, c'est Y » – est absente, un texte a peu de chances (dans un contexte d'apprentissage) d'être considéré comme une définition satisfaisante.

Comme on l'a vu au chapitre précédent, les propositions relationnelles, qui sous-tendent la structure rhétorique d'un texte, ne sont pas nécessairement signalées. Mais à cause de la forte exigence de cohérence explicite (voir 2.1.2.) qui pèse sur l'écrit en situation scolaire et universitaire, on peut s'attendre à une signalisation fréquente, qu'il faudrait analyser en termes de co-occurence comme l'a fait Biber pour les marques de posture énonciative.

Ce chapitre a cherché à présenter et à provoquer une réflexion sur la démarche typologique, son utilité et ses méthodes, dans le contexte de l'analyse des écrits d'apprenants. On parle beaucoup de diversification dans l'écrit en L1 et L2, mais comment faire apprécier les différences entre types de textes, comment *a fortiori* guider la production de textes de types distincts quand on comprend mal ce qui les distingue ? Au-delà des préoccupations didactiques, la démarche typologique est centrale pour une linguistique du discours : elle représente une façon de penser la systématicité en *parole*.

III

De la théorie
à la pratique :
regards sur
des textes

Dans cette troisième partie, des exemples concrets d'analyses de corpus vont illustrer le faisceau d'approches dont on a défini le cadre théorique dans la deuxième partie. Les quatre premières analyses s'inscrivent dans le contexte de la didactique des langues et portent sur des corpus de copies d'étudiants en L1 et L2. La cinquième représente une exploration dans un territoire plus inhabituel, l'élaboration d'un système « intelligent » d'enseignement par ordinateur. Au-delà de leur fonction d'illustration, ces comptes rendus veulent susciter une réflexion méthodologique. On conclura enfin par un bilan sur la nature et les fonctions des marqueurs à la surface des textes.

1

Jeux de syntaxe
et mise en texte

Dans les travaux sur l'écrit orientés vers les questions de cohérence textuelle, de structure rhétorique et d'interaction, la syntaxe de la phrase n'est pas, en général, une préoccupation de premier ordre. Pourtant, de phrase en phrase, les choix syntaxiques sont contraints par le développement de la structure textuelle et contraignent à leur tour ce développement. Ce chapitre est consacré à l'interface (peu explorée) entre syntaxe phrastique et construction du texte. Je vais d'abord présenter brièvement quelques éléments quantitatifs tirés d'une analyse comparative L1/L2 (section 1.2.), pour passer ensuite à un examen détaillé du fonctionnement textuel d'une construction, le passif, dans le même corpus (section 1.3.). Enfin, un examen détaillé de la syntaxe d'une copie d'étudiant et de sa reformulation par un locuteur natif mettra en évidence l'impact des choix syntaxiques sur la cohésion textuelle (section 1.4.).

1.1. Méthode et corpus

Les analyses qui suivent (1.2. ; 1.3. et 2.) ainsi que celles présentées dans les sections 1.3. et 2. appartiennent à une série d'études cherchant à comparer les stratégies de textualisation en langue maternelle (L1) et en langue étrangère (L2).

L'étude a été entreprise dans un double objectif :
– un objectif didactique : arriver à une meilleure compréhension de la mise en texte en L2 ;
– un objectif plus généralement linguistique : explorer l'interface entre les « micro-caractéristiques » des textes (agencement de la phrase) et la « macro-propriété » qu'est la cohérence textuelle.

J'ai adopté une démarche doublement comparative : une comparaison interlangue/langue cible pour faire apparaître en quoi les productions en L2 se distinguent de productions « autochtones », et une comparaison interlangue/langue maternelle pour faire ressortir similarités et différences entre des textes produits par les mêmes sujets dans leur langue maternelle et en langue étrangère (voir 1re partie, 3.2.). J'ai procédé systématiquement à l'examen des traces d'opérations de textualisation décrites dans la deuxième partie. Dans ce compte rendu sélectif, c'est la notion de thème qui constitue notre point de départ, d'abord dans son rapport au degré de complexité syntaxique (1.2.), ensuite dans une de ses constructions « marquées » : le passif (1.3.) [1].

Le corpus se compose de trois séries de textes :
• AL1 : quinze compositions en anglais L1 produites par des étudiants en deuxième année de français dans une université britannique (total : 9 000 mots environ).
• FL2 : quinze compositions en français L2 produites par les mêmes étudiants à deux semaines d'intervalle (total : 6 500 mots environ).
• FL1 : treize compositions en français L1 produites par des étudiants en deuxième année de langues étrangères appliquées dans un Institut universitaire de technologie français (total : 6 000 mots environ).

Le recueil des données s'est fait à partir du même instrument pour les trois séries : quatre tableaux statistiques simples accompagnés d'un sujet qui exigeait explicitement une argumentation s'appuyant sur les données statistiques fournies. Les étudiants ont reçu tableaux et sujets en anglais pour la première série (1) et en français pour les deux autres.

---

1. Voir Péry-Woodley 1989 pour un compte rendu complet. Pour les constructions passives, voir aussi Péry-Woodley 1991.

1.2. Syntaxe complexe et structuration thématique

On a vu que le sujet grammatical, souvent à l'initiale, souvent un référent connu, a de grandes chances d'être interprété comme le *thème* de la phrase. Dans une phrase complexe avec plusieurs verbes conjugués, plusieurs sujets co-existent ; ils n'ont cependant pas un *potentiel thématique* égal puisque la syntaxe crée une hiérarchie qui fait du sujet de proposition principale l'élément le plus susceptible d'être reconnu comme thème (voir 2e partie, 2.2.). Si l'on « décomplexifie » une phrase complexe, on obtient une suite de phrases simples avec chacune son sujet de proposition principale qui peut prétendre au statut de thème. Or on a vu (1re partie, 2.2.3.) que les textes les plus efficaces ont tendance à comporter un nombre plus limité de thèmes, qui sont chacun développés plus longuement. La hiérarchisation syntaxique liée à la syntaxe complexe entraîne par conséquent une sélection et une hiérarchisation thématiques qui facilitent la tâche du lecteur. On peut s'attendre à ce que les difficultés syntaxiques des apprenants en L2 se soldent donc non seulement par des incorrections sur le plan phrastique, mais aussi par des problèmes de textualisation. Le tableau suivant présente une analyse assez grossière de la complexité syntaxique dans le corpus, en termes de longueur (en mots) des unités syntaxiques [2] :

Tableau 1 : *longueur moyenne des unités syntaxiques (mots par T-unit)*

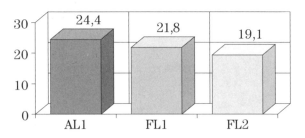

___
2. Rappelons que ces unités syntaxiques sont les « T-units » de Hunt (voir 1re partie, 1.1.2.), c'est-à-dire une proposition principale plus toute proposition

Comme on pouvait s'y attendre, c'est en FL2 que la longueur moyenne des unités syntaxiques est la plus faible. La différence entre AL1 et FL2, textes rédigés par les mêmes étudiants, est considérable. Celle entre FL2 et FL1 est marginale. On constate des variations importantes à l'intérieur de chaque groupe, mais les moyennes sont représentatives des tendances individuelles, puisque seulement deux des quinze scripteurs anglophones ont un chiffre moyen en FL2 supérieur à leur chiffre en AL1, et ce avec un écart minime.

Il s'agit là d'un premier aperçu de la complexité syntaxique dans le corpus, extrêmement sommaire tant par la mesure employée – nombre de mots par unité syntaxique – que par l'aplatissement des différences individuelles. Cette mesure fournit toutefois un indice du nombre de thèmes en concurrence, et par conséquent de la *lisibilité*. Un indice très approximatif et imparfait, puisque de nombreux autres facteurs peuvent jouer un rôle dans la structuration thématique : les sujets de proposition principale peuvent se répéter de phrase en phrase, le thème peut être un autre élément, par exemple un circonstanciel en tête de phrase, etc. Après cet aperçu quantitatif, on va observer dans des exemples [3] comment la syntaxe peut être impliquée dans la structuration thématique. Les exemples 1 et 2 représentent des tentatives de hiérarchisation du matériau statistique qui accompagnait le sujet et d'intégration de ce matériau dans la structure argumentative requise :

Ex. 1 : En Grande-Bretagne moins de la population âgée de 19 à 24 ans font l'enseignement supérieur qu'en France (9,3 % en Grande-Bretagne, 12,3 % en France). Mais le pourcentage du P.N.B. consacré aux dépenses publiques dans l'enseignement supérieur est plus grand en Grande-Bretagne (0,89 %) qu'en France (0,43 %). Au Japon 14,7 % de la population âgée de 19 à 24 ans ont été admis au système d'enseignement supérieur, mais le pourcentage du P.N.B. n'est que 0,38 %. (FL2)

Ex. 2 : The figures clearly reveal that the British education system suffers the most in relation to the annual rate of increase

---

subordonnée ou proposition réduite qui s'y trouve rattachée ou enchâssée. On est ainsi amené à compter comme une unité « Après avoir pris son sac, Martin s'est sauvé » ou « Martin a pris son sac et s'est sauvé », et comme deux unités « Martin a pris son sac et il s'est sauvé ».

3. Les exemples en anglais sont traduits de façon à mettre en évidence la structure de l'original, ce qui peut donner lieu à des traductions peu élégantes, voire agrammaticales.

of public expenditure, the British figure being only 8,12 % compared with Sweden and France, for example, whose governments spend an annual increase of 28,9 and 24,7 % on higher education respectively. (AL1) [4]

Dans l'exemple 1, quatre T-units courts constituent un paragraphe où l'on peut discerner un double parallélisme (Grande-Bretagne/Japon ; pourcentage du P.N.B./taux de scolarisation) qui n'est cependant pas signalé syntaxiquement : les quatre thèmes sont simplement juxtaposés et l'identification du thème au niveau du paragraphe est laissée entièrement au lecteur. S'agit-il de la Grande-Bretagne ou du Japon, du nombre d'étudiants ou du pourcentage du P.N.B. ? Une suite de phrases simples comme celles-ci ne contribue en rien au processus de sélection thématique nécessaire à l'interprétation.

Dans l'exemple 2, en revanche, le thème est clairement perçu comme étant la Grande-Bretagne et non pas la Suède ou la France, et le fait que les éléments statistiques apparaissent dans des subordonnées a deux conséquences sur le plan du texte :
– ils ne sont pas l'objet d'une prédication pleine et sont par conséquent placés à l'arrière-plan par rapport à la proposition principale ;
– ils sont tous reliés à un référent, le système d'enseignement britannique, qui est un thème de phrase étroitement lié au thème du texte.

Autrement dit, le lecteur est guidé dans son interprétation, alors que dans l'exemple 1 la nécessité de mettre en mémoire chaque thème – dont le poids au niveau du texte entier est inconnu – est coûteuse sur le plan cognitif et rend difficile l'élaboration d'un modèle mental du texte. Ce rôle de la syntaxe dans la structuration thématique sera repris et illustré à partir d'autres textes dans la section 1.4. On va maintenant examiner de plus près un exemple relativement fréquent de syntaxe « marquée », particulièrement impliqué dans la structuration thématique : le passif.

---

4. Ex. 2 : Les chiffres montrent clairement que le système d'enseignement britannique souffre le plus en ce qui concerne le taux d'accroissement annuel des dépenses publiques, le chiffre britannique étant de seulement 8,12 % en comparaison avec la Suède et la France, par exemple, dont les gouvernements consacrent un accroissement annuel de 28,9 et 24,7 % respectivement à l'enseignement supérieur.

1.3. Le passif dans la phrase et au-delà

Considéré dans la perspective du texte et non seulement de la phrase, le passif est un procédé qui établit une correspondance entre la structure syntaxique et la structure thématique : il permet en effet de placer l'élément thématique dans la position et la fonction grammaticale la plus normale pour le thème de la phrase, celle de sujet grammatical (voir 2e partie, 2.2.2.). On peut y voir un procédé permettant de « conditionner » le contenu informationnel de la phrase dans l'ordre le plus facile à « digérer », c'est-à-dire *donné* avant *nouveau*.

1.3.1. Fréquence du passif dans le corpus

Examinons dans un premier temps, de façon strictement quantitative, la fréquence moyenne (par 1 000 mots) de cette construction dans les trois séries de textes (Tableau 2).

Tableau 2 : *fréquence moyenne du passif (par 1 000 mots)*

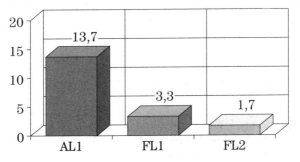

On est immédiatement frappé par la forte fréquence du passif en anglais comparé au français : il y a en moyenne quatre fois plus de passifs en AL1 qu'en FL1. Sur le plan contrastif, si l'on admet que ces constructions fonctionnent comme un procédé privilégié pour l'établissement et le maintien des thèmes, ces résultats suggèrent des différences significatives entre les procédés utilisés par les anglophones et les francophones. On peut alors se demander au moyen de quels procédés les textes en français compensent ce « manque » de passifs.

Dans l'optique de l'apprentissage d'une langue seconde, ces résultats sont surprenants, puisque les scripteurs anglophones utilisent le passif en moyenne huit fois moins dans leurs textes en français que dans leurs textes en anglais. Cela veut dire qu'ils emploient le passif en français deux fois moins que leurs homologues francophones. Ces étudiants ne semblent donc pas transférer ce procédé de leur L1 à leur L2, bien que ce transfert soit syntaxiquement possible. Comment remplacent-ils en FL2 les formes passives si fréquentes dans leurs textes AL1 ? Les procédés qu'ils utilisent pour introduire et maintenir un thème sont-ils les mêmes que ceux des francophones ? Quelques éléments de réponse sont fournis par l'analyse de l'emploi abusif de « on » par ces apprenants (1.3.6.). Mais il nous faut préciser auparavant la fonction du passif dans le corpus.

1.3.2. Passif et thèmes

Certaines caractéristiques des syntagmes nominaux (SN) les rendent plus ou moins aptes à assumer le rôle de thème, et le rédacteur peut faire en sorte qu'un SN soit interprété comme un thème – donc augmenter son « potentiel thématique » – en le plaçant à l'initiale de la phrase ou en en faisant le sujet grammatical ; c'est précisément ce que font les constructions passives. Les exemples 3 à 6 illustrent cette fonction :

> Ex. 3 : The United States' figures represent the longest time for pupils to stay in the education system : that is **16.7 years on average are spent** by a pupil at school. (AL1) [5]

> Ex. 4 : [...] Britain has already embarked on a policy of anti-expansion [...]. **This is reflected** in the second set of statistics showing that the British school leaving age is on average much lower than elsewhere. (AL1) [6]

> Ex. 5 : In the majority of the countries in the tables, **an increa-**

---

5. Ex. 3 : Les chiffres pour les États-Unis représentent la plus longue scolarisation : c'est-à-dire que **16,7 années en moyenne sont passées** par un élève à l'école.

6. Ex. 4 : [...] La Grande-Bretagne s'est déjà embarquée dans une politique anti-expansionniste [...]. **Cela est reflété** dans la deuxième série de statistiques montrant que l'âge à la sortie du système d'enseignement est en moyenne plus bas qu'ailleurs.

sed investment in education can be seen, with more people staying on for further education. (AL1) [7]

Ex. 6 : [...] the system of higher education [...] can be of great benefit to the individual. On entering [...] **he or she is being afforded** the chance of self-fulfilment [...] (AL1) [8]

Le premier exemple peut paraître étrange étant donné la préférence habituelle pour les sujets animés, qui fait de « *a pupil* » le sujet attendu. Cette étrangeté même indique le poids de la structure d'information dans ce choix syntaxique. Dans l'exemple 4 un « *this* » anaphorique résume le rhème précédent et en fait un thème. En contexte, l'exemple 5 contribue à une opposition entre «*pas d'accroissement de l'investissement en Grande-Bretagne*» et «*accroissement dans les autres pays*», qui introduit «*au lieu de diminuer... nous devrions investir davantage*». Là aussi, c'est la structure d'information qui semble clairement motiver l'usage du passif. Le principe selon lequel le contenu informationnel *donné* doit précéder le *nouveau*, élément essentiel dans la sélection du thème, est aussi à l'œuvre dans l'exemple 6, dans une construction passive objet que le français n'autorise pas.

1.3.3. Passif et rhèmes

On a vu ci-dessus, avec le passif, une façon de placer un élément – généralement *donné* – en tête de phrase et de renforcer ses chances d'être interprété comme *thème* ; on peut aussi le voir comme une façon de placer l'agent en fin de phrase. Dans une étude (Givón, 1979) menée sur deux types de textes en anglais, 80 % des passifs sont sans agent, mais 90 % des agents exprimés (18 % des passifs) sont indéfinis. Le passif fournit donc également un moyen de placer des éléments *nouveaux* en fin de phrase et d'éviter les thèmes indéfinis, difficiles sur le plan du traitement cognitif. Le tableau 3 présente les résultats de l'analyse du corpus selon les catégories de Givón :

---

7. Ex. 5 : Dans la plupart des pays dans les tableaux, u**n investissement accru dans l'enseignement peut être constaté**, avec davantage de gens continuant leurs études dans le supérieur.

8. Ex. 6 : Le système d'enseignement supérieur peut être d'un grand bénéfice pour l'individu. En y entrant, **il (ou elle) est offert** une possibilité d'épanouissement.

Tableau 3 : *pourcentage de passifs sans agent et avec agent (défini/indéfini)*

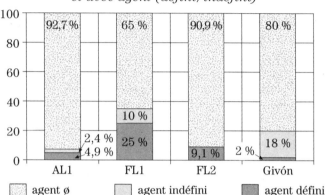

Les pourcentages pour FL1 et FL2 doivent être considérés avec une prudence certaine étant donné le petit nombre d'occurrences. Il est néanmoins intéressant de constater que ces passifs ne se comportent pas comme ceux de Givón : en FL1, le pourcentage nettement plus élevé d'agents exprimés pourrait signifier qu'une fonction fréquente de ces passifs est de déplacer l'élément représentant l'agent à la fin de l'unité syntaxique ; mais ces agents sont pour la plupart définis, ce qui implique qu'ils ne sont pas *nouveaux*. Les sujets anglophones, quant à eux, ont en FL2 comme en AL1 des pourcentages de passifs sans agent bien plus élevés que ceux notés par Givón, et, là encore, les pourcentages d'agents indéfinis sont bien plus faibles. On en reste donc à l'impression première que la fonction essentielle de ces passifs est de faire de l'élément thématique le sujet grammatical.

Il existe un autre facteur qui influence peut-être le choix d'une forme passive, c'est le principe du *poids final,* ou *loi de longueur* (voir 2e partie, 2.4.), comme dans l'exemple 7, dont le *poids final* finit par être plutôt lourd à porter…

Ex. 7 : **Scientific leaps and bounds have been made** at the University of Salford where the government has seen fit to cut away 40 % from this nerve centre of research and technological advancement, a big slice from what Margaret Thatcher and company would playfully consider the « cake » which is presented to such institutions. (AL1) [9]

9. Ex. 7 : **Des bonds en avant prodigieux ont été faits** sur le plan scientifique à l'université de Salford où le gouvernement a cru bon devoir diminuer

1.3.4. Une étude de cas

Pour affiner cette première analyse du rôle du passif dans l'« emballage » de l'information, il peut être révélateur d'examiner un cas extrême : la copie en L1 d'un des sujets anglophones, qui comporte quinze passifs, dont onze en proposition principale, pour dix-neuf unités syntaxiques (numérotées dans le texte).

Higher education

(1) The importance of higher education in our modern society is an extremely complex problem forming part of the serious economic difficulties which Great Britain is at present encountering. (2) **It is argued** that in these times of unceasing progress and ever-expanding technology, education at a higher level and especially scientific teaching is essential to cater for the increasing demands of modern life.

(3) In order to promote and maintain this modern lifestyle many people feel that higher education in Great Britain must continue to expand. (4) However one could also say that it is important to realize the intrinsic value of education in its development and expansion of the character as well as the mind of an individual. (5) Education is a preparation for the future (6) and the necessity for intelligent, educated people in any society **is undisputed.** (7) **It could also be said** that education is a legal right which **must be fought** for in order for it **to be upheld.** (8) In a free capitalist society such as our own the aesthetic value of education **must be appreciated.** (9) Everyone **should be entitled,** if they wish, to do something which they enjoy. (10) This therefore implies that it is not only those technological and scientific courses in higher education which **must be maintained** because of their obvious necessity in an expanding age but also those courses such as art, music and languages whose future **is threatened** merely because they have no obvious function. (11) This problem also raises the issue of unemployment as an argument for the continued expansion of higher education. (12) Many people have said that the integration of many young people into higher education leads to a reduction in the unemployment rate and is also advantageous in that it leads to the development of a more intelligent individual who is better able to eventually find employment.

(13) However it **is argued** by many that there is an inevitable need to reduce the rate of expenditure on higher education.

---

de 40 % le budget de ce moteur de la recherche et du progrès technologique, une grosse part de ce que Margaret Thatcher et Compagnie considèrent plaisamment comme le « gâteau » qui est présenté à de telles institutions.

(14) In the bleak economic climate of today **it must be admitted** that many young people graduating from higher education are still unable to find employment. (15) It is possible that their skills are too specialized and are superfluous to the needs of our modern age. (16) Within the past few years government expenditure on universities and colleges **has gradually been cut back** to try to combat the ever-increasing rate of inflation. (17) **It has been said** that these cuts are essential as the percentage of young people in higher education is very low in proportion to the vast amounts of money poured into it each year. (18) This money **would perhaps be put** to better use in catering for the majority and for example improving public services such as the health service.

(19) In conclusion the current standard of education **must be maintained** at a level. (AL1)

Que font tous ces passifs au niveau du texte ? Si l'on se concentre sur le thème de la phrase, fonction généralement associée au sujet de proposition principale, cela signifie que 57,9 % de ces sujets sont des sujets de constructions passives. Ils ne peuvent cependant pas prétendre tous à la fonction de thème ; cinq de ces dix passifs sont en effet des constructions impersonnelles dont les « sujets » ne peuvent être considérés comme ayant un référent spécifique :

Ex. 8 : However **it is argued** by many that there is an inevitable need to reduce the rate of expenditure on higher education. In the bleak economic climate of today **it must be admitted** that many young people graduating from higher education are still unable to find employment. (T-units 13-14) [10]

Ex. 9 : **It has been said** that these cuts are essential as the percentage of young people in higher education is very low in proportion to the vast amounts of money poured into it each year. (T-unit 17) [11]

Dans ces passifs impersonnels, l'agent, s'il est exprimé, est généralement placé en milieu de phrase, et par conséquent peu susceptible d'être interprété comme *focus* (« *by many* » dans l'exemple 8). C'est comme si l'information était

---

10. Ex. 8 : Cependant **il est soutenu par beaucoup** qu'il y a un besoin inévitable de réduire le niveau des dépenses pour l'enseignement supérieur. Dans le difficile climat économique d'aujourd'hui, **il doit être reconnu que beaucoup** de jeunes diplômés de l'enseignement supérieur ne réussissent pas à trouver du travail... »

11. Ex. 9 : **Il a été dit** que ces coupures de crédit sont essentielles puisque le pourcentage de jeunes dans l'enseignement supérieur est très faible par rapport aux vastes sommes qui y sont déversées chaque année.

« emballée » de façon à réduire au maximum son importance, puisqu'il n'est *saillant* ni comme *thème* ni comme *rhème*. Ces constructions, surtout utilisées avec des verbes introduisant un élément de discours rapporté, font de celui-ci le *focus*, et distancient très efficacement le scripteur de cette énonciation.

Là où les formes passives ont des sujets référentiels, et par conséquent davantage susceptibles d'être interprétés comme thèmes, il s'agit le plus souvent d'introduire un thème secondaire à l'intérieur d'un paragraphe thématique : par exemple « *the aesthetic value of education* », sujet de la construction passive de l'unité syntaxique 8 suit « *education* », sujet de la proposition principale active de l'unité syntaxique 5 ; ou de rétablir un thème précédent après une interruption : ainsi « *government expenditure* », sujet de la proposition principale passive de l'unité syntaxique 16, fait partie d'un paragraphe thématique ouvert par l'unité syntaxique 13 portant sur les réductions de crédits (ex. 8 ci-dessus).

Désaccentuer l'agent et créer un effet de distance dans les passifs impersonnels, introduire des sous-thèmes ou rétablir des thèmes discontinus, voilà donc les fonctions du passif identifiées ici. Ce sont les fonctions que l'on retrouve, avec des distributions différentes, dans le reste des textes en anglais. Ajoutons cependant que beaucoup des passifs de la série AL1 sont plurifonctionnels : par exemple ils introduisent un sous-thème tout en obéissant au principe du *poids final*. La fonction de distanciation des passifs impersonnels, quant à elle, a trait à la façon d'aborder la tâche d'écriture, à l'idée que le scripteur se fait du type de texte à produire, donc à des choix de haut niveau correspondant à ce que l'on appelle généralement le « style ». Ces passifs impersonnels se retrouvent dans les autres textes d'AL1, avec semble-t-il la même fonction, mais jamais avec une telle fréquence. Il reste à examiner si cet effet de distance se retrouve dans les textes en français.

1.3.5. Le passif dans les trois corpus

L'analyse a été jusqu'à présent dominée par les passifs des textes anglais (AL1), dont la fréquence élevée facilitait l'examen. En ce qui concerne les textes en français, FL1 et FL2, trois questions se posent :
– Leurs rares passivations fonctionnent-elles de la même manière ?

– Existe-t-il des procédés identifiables qui semblent faire pour ces textes le « travail » accompli par le passif en AL1 ?
– FL1 et FL2 sont-ils semblables sur ces points ?

Le passif impersonnel, bien que possible en français (« il a été dit/constaté/annoncé que… »), ne se rencontre ni en FL1 ni en FL2. D'une façon générale, le passif ne semble pas avoir la fonction de distanciation énonciative observée en AL1. Les autres fonctions identifiées pour AL1 semblent décrire correctement les emplois du passif dans les corpus de langue française, qui privilégient peut-être davantage le principe de *poids final* et le déplacement du *focus* ; cinq des neufs passifs en proposition principale ont en effet un agent exprimé, comme dans l'exemple 10 :

> Ex. 10 : Un tel pourcentage aux États-Unis **peut alors peut-être s'expliquer** par un moindre coût des études supérieures ou alors par le fait que les familles des étudiants sont plus aisées financièrement en moyenne et donc en mesure de subvenir aux besoins de leurs enfants si ceux-ci désirent poursuivre leurs études. (FL1)

En réponse à la deuxième question, et en ce qui concerne en particulier la fonction de distanciation, étrangère au passif dans le corpus de langue française, deux types de constructions semblent créer cet effet de distance en FL1 : certaines utilisations de « on » (ex. 11), et certaines constructions impersonnelles (ex. 12).

> Ex. 11 : **On pourrait trouver** plusieurs explications à cette contradiction, comme l'obligation pour les jeunes hommes de subir le service militaire ou bien la possibilité qu'ont les jeunes Français de suivre un enseignement professionnel dès l'âge de seize ans, ou même avant grâce au système de l'apprentissage. (FL1)

> Ex. 12 : **Il convient tout d'abord de noter** que ces statistiques ne concernent que des pays industrialisés, ce qui permet un recoupement plus facile, mais restreint les éléments de comparaison entre différents systèmes économiques. (FL1)

Les occurrences de « *on* » faisant référence comme dans l'exemple 11 aux participants du discours peuvent être appelées **métadiscursives** puisqu'elles sont en dehors de « l'histoire » racontée par le discours. Leur grande fréquence – elles constituent 7,7 % des sujets de propositions principales – suggère que « on » contribue sans doute de façon importante au style impersonnel exigé en milieu scolaire pour ce type de texte. La situation est plus complexe pour les constructions impersonnelles, moins fréquentes en FL1 que dans les deux autres séries.

La comparaison de l'utilisation du passif par les sujets anglophones dans leurs textes anglais et français est limitée par l'extrême rareté de celui-ci en FL2. Cela dit, cette rareté est en elle-même révélatrice : les onze passifs de FL2 semblent fonctionner en gros comme les cent vingt-trois de AL1, principalement pour l'introduction de sous-thèmes et le principe du poids final, mais une telle différence de fréquence signale que le rôle du passif dans la mise en texte n'est pas le même et oblige à se demander quels autres procédés sont utilisés, en particulier pour poser de nouveaux thèmes et pour créer l'effet de distanciation. Les textes FL2 se distinguent par la grande fréquence des deux procédés identifiés en FL1 comme équivalents fonctionnels du passif anglais : « on » et les constructions impersonnelles. L'utilisation de « *on* » semble particulièrement révélatrice de l'effet que des choix effectués au niveau phrastique peuvent avoir sur la construction du texte, et des formes subtiles de « déviance » qui peuvent s'ensuivre.

1.3.6. « On » : un faux ami textuel

« *One* » est très peu utilisé par les sujets anglophones en AL1 (3,5 % des sujets de propositions principales) ; ils utilisent « *on* » en moyenne cinq fois plus dans leurs textes en français : 18,4 % des sujets de propositions principales en FL2 sont des « *on* », beaucoup plus qu'en FL1, où « *on* » ne constitue que 11,3 % des sujets de propositions principales (Tableau 4).

Tableau 4 : *fréquence de « on » discursif/métadiscursif (en % des sujets de propositions principales)*

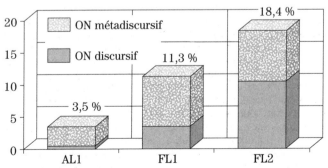

« *On* » semble perçu par ces scripteurs comme un substitut du passif anglais ; mais si « *on* » partage en effet quelques-unes des propriétés de cette construction, comme l'analyse de FL1 l'a montré, certaines caractéristiques, et l'utilisation déviante qui en est faite parfois, le rendent impropre à remplir la totalité des fonctions textuelles assumées par le passif.

« *On* » présente la particularité, notée par Atlani (1984), de pouvoir être interprété soit comme une personne du discours au même titre que « je/tu/nous/vous » soit comme ce que Benveniste appelle la « non-personne », c'est-à-dire celle qui est extérieure à l'énonciation, la troisième personne (Benveniste, 1966). Mais ce qui distingue radicalement « on » dans son usage de troisième personne d'un pronom anaphorique, c'est qu'il ne peut pas avoir de référent spécifique. Atlani (1984) note que le seul usage anaphorique possible de « on » est dans le sens du « ils » indéterminé. En FL2 cependant, on trouve de nombreux emplois de « on » fortement anaphoriques, ce qui augmente leur « potentiel thématique », mais s'écarte nettement des usages dans la langue cible. La copie suivante, dans laquelle les unités syntaxiques ont été numérotées, illustre cet usage anaphorique de « on » dans le deuxième et dans le troisième paragraphes (unités syntaxiques 7, 8, 9, 14) :

(1) En ce moment, le problème de l'enseignement supérieur est très aigu. (2) Il s'agit d'une situation très compliquée, (3) mais la raison la plus importante est celle de la position économique à présent. (4) Au moment où il y a un très haut niveau de chômage et où l'importation et l'exportation des biens sont très instables, les gouvernements trouvent difficile de justifier les dépenses pour l'enseignement supérieur. (5) Les ministres disent que l'**on** n'a pas assez d'argent à dépenser sur ce qui ne produit rien en particulier, c'est-à-dire des biens concrets que l'**on** peut vendre ou acheter.

(6) Il y a certains qui sont tout à fait contre cette raison que donne le gouvernement, surtout celui de la Grande-Bretagne. (7) **On** dit que le gouvernement paie bien d'autres choses qui ne sont pas vendables ; par exemple l'argent que l'**on** dépense sur les armements nucléaires. (8) **On** dirait que ce n'est pas aussi important que l'enseignement, et qu'il faut réduire la dépense pour les armements nucléaires pour augmenter celle pour l'enseignement. (9) **On** dit que les recherches nucléaires sont inutiles, (10) car cela ne mènera qu'à la destruction du monde, tandis que l'enseignement supérieur a une importance beaucoup plus valable pour la vie actuelle. (11) **On** voit, dans les informations données, que le taux moyen d'accroissement annuel des dépenses publiques relatives à l'enseignement supérieur de la Grande-Bretagne est le plus bas pendant les années 1965-1970. (12) **On** dirait que c'est à cause de la dépense sur d'autres choses, par exemple les armements nucléaires.

(13) Cependant, il y a d'autres qui disent qu'une expansion continue de l'enseignement supérieur est tout à fait impossible

parce que ça coûte trop cher. (14) **On** dirait que le taux élevé du chômage et tout ce que ça implique veut dire qu'il faut diminuer la dépense de l'argent sur l'enseignement supérieur, pour augmenter celle sur le chômage ; par exemple pour créer des emplois pour les jeunes, etc. (15) **On** dirait que ce n'est pas juste de dépenser beaucoup d'argent sur ce qui ne produit rien pour bénéficier à tout le pays. (16) Il paraît des données que la situation en Grande-Bretagne est très aiguë, ou bien, plus que celle en d'autres pays, par exemple la Suède, ou la France. (17) Il paraît que ces pays-là ont augmenté considérablement leur dépense de l'argent sur l'enseignement supérieur et (18) **on** ne peut que croire que la situation économique dans ces pays n'est pas aussi aiguë que celle en Grande-Bretagne. (19) Encore une raison pour ce phénomène est celle des systèmes différents. (20) En Grande-Bretagne, on est très fier de son système d'enseignement supérieur que certains croient être le meilleur du monde. (21) Il est très difficile de gagner une place, (22) et une fois là il faut travailler très dur pour obtenir des licences. (23) En autres pays, le système est plus laxe. (24) Tout le monde peut entrer dans une université, (25) et les licences ne sont pas difficiles à obtenir.

(26) C'est pour ces raisons que je crois qu'il faut maintenir les dépenses sur l'enseignement supérieur au niveau présent. (FL 2)

Les quatre « *on* » signalés ci-dessus sont déviants, et presque ininterprétables, parce qu'ils sont utilisés comme anaphoriques avec des référents spécifiques, en l'occurrence les groupes définis dans les phrases précédant « *on* » : « *certains qui sont tout à fait contre...* » et « *d'autres qui disent qu'une expansion...* ». Et, comble de confusion, ces usages anaphoriques de « *on* » s'entremêlent dans le texte avec des « *on* » métadiscursifs, comme dans l'exemple 13 :

Ex. 13 : **On** voit, dans les informations données que le taux moyen d'accroissement annuel des dépenses publiques relatives à l'enseignement supérieur de la Grande-Bretagne est le plus bas pendant les années 1965-70. **On** dirait que c'est à cause de la dépense sur d'autres choses, par exemple les armements nucléaires. (T-units 11-12)

J'interprète le premier « *on* » de l'exemple 13 comme métadiscursif, alors que le second est anaphorique (se référant à « *certains qui sont tout à fait contre...* »). Ces usages anaphoriques expliquent le fait qu'une majorité de « *on* » en FL2 sont discursifs : 57,1 % (10,5 % des sujets de proposition principale), contre 31,3 % en FL1 (3,5 % des sujets de proposition principale). Ils ne peuvent cependant remplacer le passif sur le plan textuel puisque d'une part ils ne peuvent créer l'effet de distance auquel contribue le

« *on* » métadiscursif caractéristique de FL1, et que d'autre part leur référentialité déviante les empêche d'être performants pour introduire ou rétablir des thèmes.

Les autres usages de « *on* » dans le corpus FL2 sont métadiscursifs ; ils forment 7,9 % des sujets de propositions principales et beaucoup semblent en effet fonctionner – comme leurs homologues de FL1 – de la même façon que certains passifs en AL1. Comparons les exemples 14 et 15 :

> Ex. 14 : **On peut voir** aussi que la Grande-Bretagne consacre 0,89 % du P.N.B. à l'enseignement supérieur, qui est le chiffre le plus grand, à part des États-Unis. (FL2)

> Ex. 15 : **It can be seen** from the statistics that the percentage of people within the 19-24 age group who are studying is lowest in Great-Britain. (AL1) [12]

On trouve de même assez facilement des constructions impersonnelles qui assument au moins certaines des fonctions du passif identifiées en AL1 :

> Ex. 16 : **Il faut faire** un grand effort de stabiliser notre système d'éducation en y consacrant une somme réaliste d'argent et le sauvant d'une mort tragique. (FL2)

Mais, là encore, ces constructions ne peuvent introduire ni rétablir des thèmes : « *un grand effort* » dans l'exemple 16 ne se présente pas comme un thème potentiel comme il le ferait dans la forme passive correspondante « *un grand effort doit être fait...* » De plus, de nombreuses constructions impersonnelles, notamment les constructions existentielles (« *il y a* », « *il existe* »), qui forment la majorité des impersonnels en FL2, ne fonctionnent absolument pas comme des passifs.

Il apparaît donc que ni « *on* » ni les constructions impersonnelles ne fonctionnent comme des substituts du passif dans l'introduction et le maintien des thèmes, et leur forte fréquence en FL2 contribue à créer un problème général de structure thématique dans ces textes, dans lesquels l'identification du thème global est souvent malaisée.

En résumé, il semble bien que les fonctions textuelles majeures du passif aient trait à la structure thématique : établir, rétablir et « marquer » le thème. Comme toujours en ce qui concerne les marqueurs syntaxiques de fonctions tex-

---

12. Ex. 15 : **Il peut être observé** à partir des statistiques que le pourcentage de gens appartenant à la tranche d'âge 19-24 ans qui sont étudiants est le plus bas en Grande-Bretagne.

tuelles, il y a plurifonctionnalité, et les passifs observés semblent être également, et souvent simultanément, motivés par la structure thématique ou par le principe du *poids final.*

La comparaison AL1/FL1 montre un fonctionnement semblable sur le plan de la structure thématique, mais les passifs français ne possèdent pas cette fonction de distanciation, si importante en anglais. Les écarts de fréquence sont considérables.

L'examen des constructions passives dans leur contexte textuel permet d'éclairer leur rôle au-delà de la phrase où elles se trouvent. On a vu que ce rôle touche la structuration thématique du texte et la distanciation du scripteur par rapport à un énoncé rapporté (en AL1). L'analyse comparative aide à relativiser les associations forme/fonction trop facilement perçues comme « naturelles ». Des structures semblables d'une langue à l'autre aussi bien sur le plan syntaxique qu'au niveau du sens dans la phrase peuvent avoir des usages rhétoriques distincts. L'analyse comparative met en évidence l'existence de ce qu'on pourrait appeler des « faux amis textuels ».

1.4. Reformulation syntaxique et cohésion textuelle

On va se tourner à présent vers un autre corpus, et avec un autre regard pour une étude située dans le contexte du « polissage » de l'écrit en anglais langue seconde dans une université britannique [13]. À travers l'analyse détaillée de deux textes – une rédaction en anglais L2 et sa reformulation par un natif –, on va examiner comment certaines configurations – ordre des mots et syntaxe – peuvent influencer deux des processus permettant au lecteur de construire du sens à partir d'un texte : l'identification de ce sur quoi porte le texte et l'établissement de relations entre ses parties. Est examiné ici le rôle dans la mise en texte de la position des

---

13. On trouvera en quatrième partie (chapitre 1) le compte rendu de l'expérience pédagogique qui a donné naissance à ce corpus.

sujets grammaticaux et des compléments circonstanciels, de la phrase complexe, des passifs et des phrases clivées.

1.4.1. Le corpus

Les deux textes soumis à l'analyse sont extraits d'un corpus obtenu lors d'une expérience pédagogique : un cours d'anglais écrit centré sur une technique de reformulation [14]. Les textes ont été produits comme suit : les étudiants ont d'abord reçu deux séries de « faits » concernant la même ville fictive dans les années 1960 et 1980, et la consigne de rédiger un bref compte rendu de l'évolution de la ville. Après une séance de travail collectif sur l'organisation du compte rendu, les étudiants ont rédigé leur texte individuellement. Des extraits de ces copies ont alors été « reformulés » par un anglophone, qui avait pour consigne d'exprimer dans ses propres termes ce que, selon lui, l'étudiant avait essayé de dire.

L'exploitation pédagogique de ces reformulations sera détaillée dans la quatrième partie. Il nous suffit ici de connaître le contexte de production des textes analysés. J'ajouterai que, pour des raisons pratiques, les reformulations concernent des extraits et non des copies entières ; par conséquent l'analyse d'un extrait de copie d'étudiant et de sa reformulation présentée ci-dessous se limite à un niveau intermédiaire d'organisation textuelle : structuration et cohésion du paragraphe. Les deux textes sont présentés tout d'abord *in extenso*, et il est important de s'y reporter pour pouvoir re-situer en contexte les exemples cités dans l'analyse. Pour faciliter l'identification de l'origine des exemples, la copie d'apprenant apparaîtra à gauche et la reformulation à droite.

1.4.2. Les textes

Copie d'apprenant	Reformulation
Leyford, town close to London, was a declining industrial town about twenty five years ago, but now our town is a	A quarter of a century ago, Leyford, a small town situated close to London, was a declining industrial town. Now it is a

---

14. Programme conçu par R. et J. Allwright et enseigné par J. Allwright à l'Institute for English Language Education de l'université de Lancaster. Je remercie J. Allwright de m'avoir autorisée à utiliser son corpus.

beautiful thriving tourist and commercial centre. What made Leyford change so completely?

The trigger of the change was the world recession. After the Second World War, the industrial foreign competition became severe. Japan and West Germany began to produce many good cheap machines such as cars and typewriters. As a result British industry declined and many factories closed. In this town there were five factories, but now there are none. The closure of factories caused the flood of unemployed people for a job in London. There were so many people in London that the government felt it necessary to decentralize overpopulated London.

beautiful and thriving tourist and commercial centre. What has caused Leyford to change so radically?

The change was triggered, ironically, by the world recession. After the Second World War, foreign industrial competition became severe as Japan and West Germany, in particular, began to produce good cheap manufactured goods (cars, typewriters, etc.). As a result, British industry declined and many factories closed all over the country. In Leyford itself there were once five factories, but all five were eventually forced to close. These closures, in Leyford and elsewhere, caused a great flood of unemployed people to leave their home and look for work in London. Eventually London became so overpopulated that the government felt it necessary to adopt a policy of decentralisation. It is this decentralisation policy that has enabled Leyford to recover so successfully from the period of industrial decline.

Leyford, ville proche de Londres, était une ville industrielle sur son déclin il y a environ vingt-cinq ans, mais maintenant notre ville est un centre commercial et touristique plein de charme et de vitalité. Qu'est-ce qui a fait changer Leyford si complètement?
Le déclenchement du changement a été la récession mondiale. Après la deuxième guerre mondiale, la concurrence industrielle étrangère s'est aggravée. Le Japon et l'Allemagne de l'Ouest se sont mis à produire de

Il y a un quart de siècle, Leyford, petite ville située près de Londres, était une ville industrielle sur son déclin. Maintenant c'est un centre commercial et touristique plein de charme et de vitalité. Qu'est-ce qui a fait changer Leyford de façon si radicale?
Le changement a été déclenché, ironiquement, par la récession mondiale. Après la Deuxième Guerre mondiale, la concurrence industrielle étrangère s'est aggravée à cause du fait que le Japon et l'Allemagne de l'Ouest, en particulier, se

nombreuses machines – voitures, machines à écrire – de bonne qualité et bon marché. En conséquence, l'industrie britannique a décliné et de nombreuses usines ont fermé. Dans cette ville il y avait cinq usines, mais maintenant il n'y en a plus. Les fermetures d'usines ont poussé une marée de chômeurs à la recherche de travail à Londres. Il y avait tant de gens à Londres que le gouvernement a ressenti la nécessité de décentraliser Londres surpeuplé.

sont mis à produire des produits manufacturés de bonne qualité et bon marché (voitures, machines à écrire, etc.). En conséquence, l'industrie britannique a décliné et de nombreuses usines ont fermé dans tout le pays. À Leyford même, il y avait autrefois cinq usines, mais toutes les cinq ont fini par devoir fermer. Ces fermetures, à Leyford et ailleurs, ont poussé une grande marée de chômeurs à quitter leur foyer pour aller chercher du travail à Londres. Londres a fini par devenir tellement surpeuplé que le gouvernement a ressenti la nécessité d'adopter une politique de décentralisation. C'est cette politique de décentralisation qui a permis à Leyford de se rétablir si bien de sa période de déclin industriel.

1.4.3. L'analyse

Ma comparaison des deux textes est délibérément sélective, puisqu'elle a pour but de faire ressortir l'impact que des choix de syntaxe et d'ordre des mots peuvent avoir sur l'organisation textuelle. Elle se concentre sur la relation entre la structure thématique et trois « variables » syntactico-textuelles : les syntagmes mobiles, le passif et la syntaxe complexe.

Syntagmes mobiles et structure thématique

Ex. 1 : Leyford, town close to London, was a declining industrial town about twenty five years ago, but now our town is a beautiful thriving tourist and commercial centre. What made Leyford change so completely ?

A quarter of a century ago, Leyford, a small town situated close to London, was a declining industrial town. Now it is a beautiful and thriving tourist and commercial centre. What has caused Leyford to change so radically ?

Dans le texte original, comme dans sa reformulation, le paragraphe d'introduction a une structure chronologique, produite par l'utilisation de deux circonstanciels de temps :

« *twenty five years ago* » et « *A quarter of a century ago* » respectivement, et « *now* ». Mais la position du premier n'est pas la même dans les deux textes : en le plaçant à l'initiale, le texte reformulé lui confère un plus grand potentiel thématique ; le parallélisme qui s'établit alors avec « *now* », à l'initiale de ce qui est dans ce texte une deuxième phrase, fait que l'ensemble porte sur la chronologie, le changement dans le temps, autant que sur « *Leyford* », le sujet grammatical des deux premières unités syntaxiques dans les deux textes. On a vu que la meilleure façon de faire qu'un référent soit interprété comme thème, c'est de le placer à l'initiale et/ou d'en faire le sujet grammatical. Alors que l'étudiant donne à « Leyford » tout le potentiel thématique dans cette importante phrase d'introduction, le reformulateur choisit de présenter au lecteur deux éléments pouvant prétendre au rôle de thème, ou deux thèmes associés : la chronologie et la ville. Cela prépare sans doute mieux l'introduction du changement (« *the change* ») comme thème suivant :

Ex. 2 : The trigger of the change was the world recession.   **The change was triggered, ironically, by the world recession.**

La première phrase du second paragraphe dans l'original exige beaucoup du lecteur, qui doit intégrer à la fois :
– que *le changement* (« *the change* »), reprise nominalisée du rhème précédent, est le nouveau thème ;
– que les changements sont *déclenchés (« triggered »)* par quelque chose ;
– que *le déclencheur* (« *the trigger* ») est le thème immédiat inséré dans le thème général du changement.

La version reformulée facilite davantage la tâche du lecteur : après avoir annoncé le rôle thématique du « changement », dans le premier paragraphe, grâce aux thèmes chronologiques, elle le présente comme thème explicite (sujet grammatical) ; elle pose ensuite que « *les changements sont déclenchés* » (au lieu de le présupposer), tout en laissant « la récession mondiale » dans la même position de focus que dans le texte original. L'ajout du commentaire « *ironically* » peut être vu comme une tentative de désamorcer l'incrédulité du lecteur à qui l'on présente un événement malheureux comme cause d'une évolution positive. Il serait donc signe d'une sensibilité au lecteur qui est absente du texte original.

Cela dit, il est intéressant de se reporter à la copie d'apprenant pour noter l'ordre des éléments de part et d'autre de la copule et apprécier le savoir-faire de son auteur :

Ex. 3 a : The trigger of the change was the world recession.

En effet, si on renversait l'ordre des éléments de cette phrase de façon à faire de «*the world recession*» le sujet grammatical, elle deviendrait beaucoup plus difficile à comprendre dans son contexte :

Ex. 3 b : The world recession was the trigger of the change[15].

L'apparition inopinée d'un nouveau référent – «*la récession mondiale*» – comme «candidat» privilégié au rôle de thème (sujet grammatical à l'initiale) est problématique. Le reformulateur évite également cette difficulté, mais au moyen d'une autre stratégie syntaxique : le passif.

Passif et structure thématique

Pour prendre conscience du rôle important joué par le passif dans le maintien de la continuité thématique, il suffit de comparer (en contexte) la phrase du texte reformulé :

Ex. 4 a : The change was triggered, ironically, by the world recession.

et sa version active :

Ex. 4 b : The world recession, ironically, triggered the change[16].

La construction active entraîne une rupture thématique complète, puisqu'elle présente comme thème un référent totalement nouveau, qui n'a pas été mentionné ni même annoncé. Le passif en revanche permet à l'élément annoncé d'être placé là où il aura le plus de chances d'être interprété comme thème, et à l'élément nouveau – «*la récession mondiale*» – d'apparaître en fin de phrase, ce qui le met en valeur au niveau de cette phrase et le rend disponible pour le rôle de thème dans ce qui suit. La syntaxe apparaît donc ici comme dépendante de la structure thématique (voir 2e partie, 2.2.2.), dépendance que l'on retrouve d'une façon peut-être plus subtile dans le cas de la syntaxe complexe.

Syntaxe complexe et structure thématique

Ex. 5 : After the Second World War, the industrial foreign competition became severe. Japan and West Germany began to produce many good cheap machines such as cars and typewriters.

After the Second World War, foreign industrial competition became severe as Japan and West Germany, in particular, began to produce good cheap manufactured goods (cars, typewriters, etc.).

---

15. La récession mondiale a été le déclenchement du changement.

16. «La récession mondiale, ironiquement, a déclenché le changement.»

Alors que l'original présente deux unités syntaxiques simples, le texte reformulé présente une seule unité complexe. Cette différence syntaxique semble avoir un double impact textuel :

• D'abord, il est évident que, dans le texte reformulé, la subordination réalisée par la conjonction « *as* »[17] rend explicite la relation entre les deux propositions et qu'elle précise sa nature sémantique, facilitant ainsi l'interprétation par des indices qui sont absents du texte original.

• En outre, la syntaxe a ici un autre rôle, plus subtil mais tout aussi important : elle crée une hiérarchie de thèmes. Dans le texte de l'étudiant, « *Japan and West Germany* », sujets de la proposition principale, seront interprétés comme *thèmes* sur le même plan que « *Leyford* » dans la première phrase ou « *British industry* » dans la suivante. Dans le texte reformulé, au contraire, en tant que sujets d'une proposition subordonnée, ils perdent ce statut, ainsi qu'il convient dans un contexte où ils n'apparaissent que par rapport à l'industrie britannique, pour être ensuite définitivement abandonnés.

Un texte fait de phrases simples peut ainsi faire obstacle à l'interprétation : il revient au lecteur de faire en effet tout le travail d'identification des liens entre propositions et de hiérarchisation des thèmes. Dans l'apprentissage de l'écrit en L1 comme en L2, l'impact des problèmes syntaxiques caractéristiques de la maîtrise incomplète du système grammatical ne se limite pas à la phrase, mais s'étend également à des questions d'organisation textuelle. La prise de conscience des transformations résultant sur le plan textuel de l'utilisation d'un passif ou d'une subordination est tout aussi importante au niveau de la phrase que la correction grammaticale, qui fait l'objet de tant de soins.

Phrases clivées et structure thématique

Le reformulateur a ressenti la nécessité d'ajouter une phrase de conclusion, absente de la copie d'apprenant :

> Ex. 6 a : It is this decentralisation policy that has enabled Leyford to recover so successfully from the period of industrial decline.

Cette phrase établit une relation avec l'introduction et conclut le paragraphe sur l'origine du changement survenu à *Leyford* au cours des vingt-cinq dernières années. Il est diffi-

---

17. « *As* » est ici difficile à traduire, parce qu'il combine un sens temporel (« comme ») et causal (« puisque »).

cile d'évaluer le bien-fondé de cet ajout en l'absence du reste du texte. C'est pourquoi je m'en tiendrai à un commentaire sur sa forme. Ce que l'on remarque, dans cette phrase de conclusion, c'est la présence d'une phrase clivée, au lieu de :

> **Ex. 6 b :** This decentralisation policy has enabled Leyford to recover (so) successfully from the period of industrial decline [18].

Les phrases clivées sont des structures peu ordinaires, à la fois par leur faible fréquence et par leur façon d'« emballer » l'information dans la phrase : l'élément qui serait normalement le *topic* (ici « *this decentralisation policy* ») devient le *focus* de la proposition introduite par « *it is* », et acquiert ainsi un supplément de *saillance*. Comme on l'a vu dans la deuxième partie (2.2.2.), cela constitue un procédé particulièrement utile – surtout en français – pour faire d'un focus un sujet (« *C'est Obélix qui est tombé..., pas Astérix* »). La proposition relative (« *that has enabled...* », « *qui est tombé...* ») est souvent considérée comme présupposée et par conséquent moins *saillante*. Cependant sa position finale est en contradiction avec son statut informationnel, ce qui fait que la phrase clivée est un procédé extrêmement dynamique constitué de deux éléments tous deux *saillants* : celui qui suit le « *it is* » ou « *c'est* », et l'élément en position de focus. C'est donc la phrase clivée tout entière qui acquiert un relief particulier dans ce contexte, ce qui explique son utilisation dans les textes argumentatifs pour souligner un point important.

Dans le texte en cours d'analyse, on peut mieux apprécier ce que fait la phrase clivée si on compare son effet en contexte avec celui de la phrase non clivée correspondante :

> **Ex. 7 a :** Eventually London became so overpopulated that the government felt it necessary to adopt a policy of decentralisation. It is this decentralisation policy that has enabled Leyford to recover so successfully from the period of industrial decline.

> **Ex. 7 b :** Eventually London became so overpopulated that the government felt it necessary to adopt a policy of decentralisation. This decentralisation policy has enabled Leyford to recover so successfully from the period of industrial decline [19].

---

18. « Cette politique de décentralisation a permis à Leyford de se rétablir (si bien) de sa période de déclin industriel. »

19. « Londres a fini par devenir tellement surpeuplé que le gouvernement a ressenti la nécessité d'adopter une politique de décentralisation. Cette politique de décentralisation a permis à Leyford de se rétablir si bien de sa période de déclin industriel. »

Il faut tout d'abord noter que « *so* » devient inacceptable : le sentiment que l'on a de recevoir une réponse à la question posée auparavant – « *Qu'est-ce qui a fait changer Leyford de façon si radicale ?* » – disparaît avec la version non clivée. On observe également que la transformation qui consiste à placer « *this decentralisation policy* » en position de focus sans « clivage » n'arrange pas les choses :

> **Ex. 7 c :** Eventually London became so overpopulated that the government felt it necessary to adopt a policy of decentralisation. Leyford has been able to recover so successfully from the period of industrial decline thanks to this decentralisation policy [20].

La phrase clivée semble donc avoir pour rôle de signaler un point fort dans le discours, autant que de souligner un élément saillant dans la phrase. Il faut noter également que la phrase analysée ne comporte aucun élément nouveau : « *la politique de décentralisation* » clôt la phrase précédente, et la proposition relative reprend la première partie du texte. Ce qui est nouveau ici, et ce sur quoi la phrase clivée focalise l'attention, c'est la relation de cause à effet entre ces éléments.

On vient de voir comment des choix syntaxiques qui semblent ne porter que sur la phrase concernée peuvent en fait avoir un impact sur la construction d'unités supérieures, voire du texte entier. On a vu en particulier l'impact de ces choix sur deux processus importants dans la compréhension d'un texte : l'identification du thème et l'établissement de liens entre les idées introduites dans le texte. La syntaxe complexe est impliquée dans ces processus au-delà des frontières de phrases aussi bien qu'à l'intérieur de ces frontières : elle organise thèmes et propositions en une structure hiérarchisée, et elle rend explicite l'existence et la nature des liens entre propositions. Le choix de position d'éléments mobiles tels que les circonstanciels augmente ou diminue leurs chances d'être interprétés comme thème. Le passif permet de renverser l'ordre des éléments dans la phrase de façon à respecter la structure d'information. Les phrases clivées, quant à elles, mettent en valeur une phrase dans son contexte. Tous ces procédés syntaxiques contribuent donc à donner du relief à la

---

20. « Londres a fini par devenir tellement surpeuplé que le gouvernement a ressenti la nécessité d'adopter une politique de décentralisation. Leyford a pu se rétablir si bien de sa période de déclin industriel grâce à cette politique de décentralisation. »

surface du texte, ce qui va faciliter la tâche du lecteur qui doit créer une structure cohérente à partir d'une séquence linéaire. La quatrième partie propose des stratégies pour amener les apprenants à prendre conscience de ces fonctionnements.

2

Structure rhétorique
en L1 et L2

Dans la deuxième partie on a considéré l'analyse de la structure rhétorique – relations entre propositions et groupes de propositions – comme une façon de rendre compte de l'organisation globale des textes et d'établir des relations entre ce niveau d'organisation et des caractéristiques locales. On va ici porter un autre regard sur des formes de signalisation textuelle déjà rencontrées (1.1.). L'analyse d'un tract du mouvement S.O.S. Racisme, proposée comme illustration de l'exposé de la théorie de la structure rhétorique dans la deuxième partie (3.3.), a montré qu'il s'agit d'une analyse fine, nécessitant de la part de l'analyste une activité d'interprétation et visant à mettre en évidence l'assemblage original qu'un texte particulier fait des relations qui peuvent relier des propositions. On comprendra donc que ce type d'analyse ne convient pas aux grands corpus et aux approches quantitatives, mais plutôt aux études de cas. Une telle approche peut être envisagée en complément d'une étude de corpus à orientation quantitative : après une étude portant par exemple sur l'utilisation d'une forme donnée par certains scripteurs ou dans certains types de textes, on peut chercher à mettre en évidence les fonctions discursives de cette forme au moyen d'une étude fine de quelques cas. C'est ce qu'on va faire ici en observant deux rédactions produites par le même apprenant sur le même sujet, la première en anglais langue maternelle, la seconde en français langue étrangère [21].

---

21. Ces deux copies font partie du corpus décrit au chapitre 1 *supra*.

2.1. Les textes et leurs schémas d'analyse

Plutôt que de proposer une analyse exhaustive des deux textes jusqu'au niveau propositionnel, je vais me limiter aux premiers niveaux d'organisation et procéder à une comparaison des deux textes sur les points suivants :
– les types de relations ;
– la présence de signaux marquant les relations et les frontières des segments ainsi identifiés ;
– la nature de ces signaux ;
– la correspondance entre statut syntaxique (subordonnée/principale) et « statut rhétorique » (noyau/satellite).

Dans les pages qui suivent, on trouvera les textes et le schéma des premiers niveaux d'analyse de leur structure rhétorique. Les textes sont découpés en unités de base [22] dont les numéros sont repris dans les schémas.

2.1.1. Copie 1 : texte et schéma

1. The issue of whether higher education should be expanded or contracted in Great Britain seems to be purely a question of the financial and economic implications of such changes.
2. Its expansion would doubtless mean that a large amount of money would have to be distributed in addition to that already being used to enable such a move.
3. Conversely, one can assume that the contraction of the higher education system in Great Britain would result in the saving of large sums of money and the country would benefit accordingly.
4. This appears to be dependent upon logic
5. and it is thought that surely the most logical step to take would be a decrease in the amount of financial support given to higher education and the establishments which represent it.
6. In developing the question, however,
7. one begins to become aware of the distinct advantages of a thriving educational system which overshadow the harshnesses of such economically-minded destruction.

---

22. Ces unités correspondent plus ou moins à des propositions ; Mann et Thompson les définissent de façon assez floue, et il faut bien reconnaître que c'est là une faiblesse du modèle et des analyses qui s'en inspirent.

8. Firstly, the system of higher education used in this country can be of great benefit to the individual.

9. On entering into the daily existence which higher education promotes,

10. he or she is being afforded the chance of self-fulfilment and a further development of their personality,

11. which only they can individually express.

12. In most cases, higher education is enjoyed by the student on a basis which is independent of the influence of parents, other than financially.

13. This evidently results in a greater responsibility being placed on the student's shoulders

14. and in such a position he can but mature and adopt a greater sense of social awareness.

15. Unfortunately, if the system of higher education was dipped in such a way that the number of students eligible for it was lowered,

16. then a percentage of those leaving school with the intention of studying at a higher level would be denied the benefits of the system

17. and maturity for them would have to come in another way.

18. In this case, it must be asked if a young person leaving secondary school is capable of accepting the pressures and responsibilities which a job would bring to bear.

19. Presumably there are those who have had to mature more quickly because of a greater responsibility imposed at home or in some other way,

20. but I would say that, on the whole, the average school-leaver is not and has not been prepared for these demanding positions,

21a. and it is only through higher education,

22. whether it is in the form of training or academic study,

21b. that he will develop this sense of maturity and fulfilment as an individual.

23. Secondly, it is important for Great Britain as a whole to have a system of higher education which is allowed to flourish and not a system which is questioned and curtailed by doubt.

24. Higher education is a means of reinforcing the quota of the nation's intellect

25. and the country should have a system, whereby the quest for knowledge is encouraged and not discouraged simply because of the financial situation which prevails.

26. It should be given a certain priority as a result

27. and financial constraints should not be imposed on it.

28. It can be seen from the statistics that the percentage of people within the 19-24 age group who are studying is lower in Great Britain.

29. Whilst this may say something about the length of courses in other countries,

Tableau 1 : structure rhétorique de la copie 1

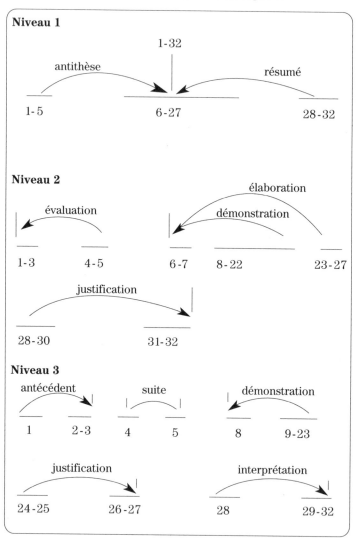

30. the fact still remains that the lower the percentage, the smaller the number of well-educated, mature people there are being trained for life after school.
31. It is on that note that I wish to conclude
32. by saying that the system of higher education should be promoted and encouraged and not stifled by financial restraint, simply because the government has not taken personal situations into account.

Traduction de la copie 1

1. Le problème de l'expansion ou de la contraction de l'enseignement supérieur en Grande-Bretagne semble n'être abordé que sous l'angle des implications financières et économiques de tels changements.
2. Son expansion signifierait certes qu'une grande quantité supplémentaire d'argent devrait être distribuée pour permettre une telle évolution.
3. En revanche, on peut considérer que la contraction du système d'enseignement supérieur en Grande-Bretagne aurait pour résultat l'économie de larges sommes d'argent et que le pays s'en bénéficierait par conséquent.
4. Ceci semble être de la pure logique
5. et il semblerait que la décision logique serait de diminuer le soutien financier accordé à l'enseignement supérieur et aux établissements qui le représentent.
6. Si l'on approfondit la question cependant,
7. On commence à prendre conscience des nets avantages d'un système éducatif florissant qui jettent le doute sur les rigueurs d'une destruction motivée simplement par des préoccupations économiques.
8. D'abord, le système d'enseignement supérieur dans ce pays peut être un atout considérable pour l'individu.
9. En pénétrant dans l'existence quotidienne que l'enseignement supérieur rend possible,
10. ces jeunes ont la possibilité de s'épanouir et de développer leur personnalité
11. qu'ils sont seuls à pouvoir exprimer individuellement.
12. Dans la plupart des cas, les étudiants peuvent profiter de l'enseignement supérieur d'une façon qui est tout à fait indépendante de l'influence des parents, si ce n'est financièrement.
13. Ceci fait bien sûr qu'une plus grande responsabilité est confiée aux étudiants
14. et que dans ces conditions ils ne peuvent que mûrir et adopter un sens plus aigu de conscience sociale.
15. Malheureusement, si le système d'enseignement supérieur en venait à souffrir de telle façon que le nombre d'étudiants admis était diminué,
16. Alors un pourcentage de ceux qui quittent l'école avec l'intention de poursuivre des études ne pourraient pas profiter des avantages du système,

17. et pour eux la maturité devrait venir d'une autre façon.
18. Dans ce cas, il faut demander si un jeune à la sortie de l'école secondaire est capable d'assumer les pressions et les responsabilités d'un métier.
19. Bien sûr il y a des gens qui ont dû mûrir plus rapidement à cause d'une grande responsabilité imposée dans la famille ou ailleurs,
20. mais je dirais que, dans l'ensemble, le bachelier moyen n'est pas et n'a pas été préparé pour ces positions exigeantes.
21a. et c'est seulement par l'enseignement supérieur,
22. que ce soit par une formation professionnelle ou des études universitaires,
21b. qu'il pourra développer ce sens de maturité et d'épanouissement en tant qu'individu.
23. Deuxièmement, c'est important pour la Grande-Bretagne en général d'avoir un système d'enseignement supérieur florissant et pas un système qui est remis en question et qui doute de soi.
24. L'enseignement supérieur est un moyen de renforcer le niveau intellectuel de la nation
25. et le pays a besoin d'un système qui encourage la recherche de la connaissance, plutôt que de l'empêcher rien qu'à cause de la situation économique actuelle.
26. Il faudrait par conséquent lui accorder une certaine priorité
27. et le protéger des contraintes financières.
28. On peut voir d'après les statistiques que le pourcentage de la tranche d'âge des dix-neuf à vingt-quatre ans qui fait des études est plus bas en Grande-Bretagne.
29. Même en acceptant que ceci est indicatif de la longueur des études dans les autres pays,
30. il demeure que plus le pourcentage est bas, moins il y a de gens cultivés et mûrs qui sont formés pour la vie après l'école.
31. C'est sur cette remarque que je veux conclure
32. en disant que le système d'enseignement supérieur devrait être favorisé et encouragé et non pas étouffé par des restrictions financières, rien que parce que le gouvernement n'a pas pris en compte les situations individuelles.

2.1.2. Copie 2 : texte et schéma

1. En Grande-Bretagne nous avons un système d'enseignement supérieur qui donne l'occasion d'étudier à presque tous les jeunes qui le veulent.
2. Après les études au lycée ou dans n'importe quelle école secondaire, les étudiants peuvent continuer à apprendre par l'enseignement supérieur, selon leur abilité.
3. Il y a des universités

4. on peut dire qu'elles sont les établissements les plus avancés,

5. parce qu'ils exigent plus de leurs candidats ;

6. il faut réussir à trois examens avancés dans la dernière année à l'école, par exemple.

7. Il existe aussi les collèges, qu'on appelle « polytechnics », qui n'exigent pas autant que les universités.

8. Et enfin nous avons les « technical colleges »

9. dont les étudiants, avec un esprit plus pratique et plus technique, peuvent profiter.

10. Donc tous les étudiants ont l'occasion de continuer leurs études à force des niveaux différents qui existent dans l'enseignement supérieur.

11. Naturellement pas pour les étudiants qui ne font pas des efforts à l'école et qui n'ont pas l'intention de continuer,

12. malheureusement les établissements supérieurs ne les considèrent pas.

13. Après avoir dit cela,

14. c'est évident qu'on produira une lacune

15. en réduisant des crédits et des effectifs dans ce champ-ci.

16. Comme j'ai dit,

17. en ce moment-ci, les étudiants anglais peuvent entrer dans l'enseignement supérieur s'ils l'ont envie.

18. Mais en diminuant les occasions qui existent pour les étudiants,

19. beaucoup d'entre eux seraient dépourvus de cette occasion importante.

20. On ne peut point penser à une situation, où des étudiants assez doués auraient gaspillé de temps à l'école en faisant des efforts en vain.

21. Ils ont besoin d'un but à la fin de leurs études,

22. et sans les occasions qui existent actuellement, ils n'auront pas ce but.

23. Alors, il faut maintenir le système des occasions égales,

24. et le cas échéant les étudiants peuvent se rendre compte qu'il y a quelque chose à laquelle leurs efforts aboutissent.

25. Il faut aussi examiner l'importance de l'enseignement supérieur pour tout le pays, et non pas seulement pour les individus.

26. De nos jours tous les pays ont besoin des esprits intelligents qui peuvent mener les affaires et les activités du pays d'une manière efficace.

27. L'éducation nous assure qu'il existe de telles personnes

28. et une réduction qui limite les produits humains qui viennent des universités et des autres établissements pédagogiques n'est que plus désavantageuse.

29. D'ailleurs le problème le plus dangereux qui existe en Grande-Bretagne, c'est le chômage.

30. En entrant dans l'enseignement supérieur

31. les étudiants se donnent l'occasion de trouver du travail,

32. en devenant plus adultes et plus sensibles d'un monde difficile.

33. Ils évitent les difficultés étouffantes qu'impose le chômage.
34. À conclure, je dois admettre que je suis très déçu à découvrir que le taux moyen d'accroissement annuel des dépenses publiques relatives à l'enseignement supérieur public est si bas en Grande-Bretagne.
35. Assurément, le gouvernement reconnaît la nécessité d'avoir des citoyens bien enseignés dans le pays et que c'est une matière très importante à considérer.

Tableau 2 : *structure rhétorique de la copie 2*

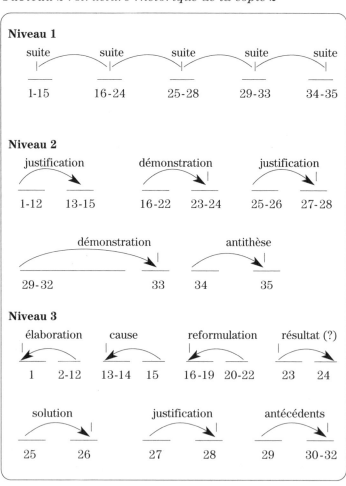

2.2. Structure rhétorique, cohérence et lisibilité

2.2.1. Copie 1

Le tableau 1 représente une analyse de la copie en anglais langue maternelle. Cette analyse est bien sûr le résultat d'une interprétation, mais elle s'est avérée aisée, le texte se découpant facilement en grandes parties dont on perçoit bien les relations mutuelles, et, pour chacune, la structure interne hiérarchisée.

Le texte s'ouvre sur un syntagme nominal complexe qui résume et reprend le sujet à traiter. La relation entre les deux premiers segments – le deuxième représentant le corps du texte – a été interprétée comme une relation d'antithèse : on commence par affirmer l'opinion contraire à celle qu'on va défendre. De nombreux marqueurs de distanciation énonciative préparent le lecteur à ce qui va suivre : « *seems* », « *doubtless* », « *one can assume* », « *this appears* », « *it is thought* ». L'opposition est explicitement signalée dans le segment-noyau par « *however* ». En 6-7, on a le segment-charnière dans lequel le scripteur avance sa thèse. Les arguments étayant cette thèse (« démonstration ») sont ensuite introduits par « *firstly* » et « *secondly* ». Belle symétrie en principe, mais, comme on le voit dans le tableau 1, il n'y a pas complète symétrie entre le segment introduit par « *firstly* » et celui introduit par « *secondly* », le second fonctionnant plus comme une *élaboration* (voir 2e partie 3.2.) que comme la deuxième partie de la démonstration. Le scripteur ne fournit pas vraiment d'arguments en affirmant que « *c'est important pour la Grande-Bretagne en général d'avoir un système d'enseignement supérieur florissant* », il réitère seulement sa thèse sous la forme d'une pétition de principe. Ici, l'analyse de la structure rhétorique permet d'éclairer la relation entre les « promesses » faites par la signalisation et leur réalisation effective. Le segment 28-32 a été interprété comme un satellite résumant le segment principal [23].

---

23. Cette interprétation n'est pas sans poser problème : il serait légitime de considérer que dans un texte de ce genre la conclusion est le noyau, correspondant au « but communicatif » principal, et tout ce qui précède un satellite.

Il serait utile de pouvoir formuler des attentes quant à la présence et à la fréquence de certains types de relations pour le type de texte requis. On manque malheureusement de base empirique pour une telle approche, ce qui n'est pas surprenant étant donné la nouveauté du modèle de Mann et Thompson [24]. Intuitivement il semble que les relations référentielles d'élaboration et d'évaluation, les relations présentationnelles de démonstration et de justification, bien représentées dans le texte, soient celles auxquelles on peut s'attendre dans un texte argumentatif. Les principaux noyaux sont des points importants dans l'argumentation et tendent à être introduits par des introducteurs métadiscursifs ou des introductions mettant en jeu les personnes du discours :

6-7. In developing the question, however, one begins to become aware... [25]

31. it is on that note that I wish to conclude...

Les deux phrases clivées, 31 ci-dessus et 21, ont aussi un rôle de mise en valeur de moments clés du texte ;

21. and it is only through higher education [...] that he will develop this sense of maturity and fulfilment as an individual.

Elles semblent toutes deux introduire un important segment de clôture, 21 pour la série d'arguments introduite par «*firstly*», 31 pour le texte entier. Les débuts de segments importants sont parfois – mais pas aussi régulièrement que dans d'autres textes analysés ainsi – marqués par des circonstanciels comme dans 6 ci-dessus. Finalement, *statut syntaxique* et *statut rhétorique* se correspondent : au niveau propositionnel les subordonnées sont régulièrement des satellites (voir 2ᵉ partie, 3.4.).

2.2.2. Copie 2

La copie 2 s'avère d'emblée beaucoup plus rebelle à l'analyse. S'il est relativement aisé d'identifier des segments, il est pratiquement impossible de leur attribuer des relations autres que le « degré zéro » de la relation rhétorique, c'est-à-dire la

24. O'Brien (1992) signale la fréquence relative des relations de solution et d'évaluation dans les copies considérées par les examinateurs comme « pertinentes » et « convaincantes » (copies d'examen et copies de contrôle continu en licence de psychologie).

25. La numérotation des exemples correspond aux unités numérotées dans le texte et dans le schéma.

relation de juxtaposition, de « suite ». Il n'est formulé aucune question à laquelle on puisse rattacher les propositions successives ou en fonction de laquelle on puisse les interpréter. Le texte semble se composer d'une série de satellites à la recherche d'un noyau. Quand un aspect du problème soulevé dans le sujet – la réduction des crédits consacrés à l'enseignement supérieur – transparaît dans le texte, c'est dans des propositions subordonnées et à mi-texte :

14-15. c'est évident qu'on produira une lacune en réduisant des crédits et des effectifs dans ce champ-ci.

18. Mais en diminuant les occasions qui existent pour les étudiants, beaucoup d'entre eux seraient dépourvus de cette occasion importante.

Comme le prédisent Matthiessen et Thompson (1988), le statut syntaxique de ces propositions fait qu'elles sont difficilement perçues comme noyaux, d'autant plus qu'elles sont réduites, et par conséquent sans sujet et apparemment sans thème. « *Le gouvernement* », quoique sérieusement impliqué dans le problème, n'est mentionné – et ce de façon plutôt obscure – que dans la dernière phrase.

Toujours sur le plan syntaxique, une autre caractéristique contribue également aux difficultés d'analyse [26] rencontrées : il s'agit des séries de phrases simples ; cette syntaxe simple n'offre aucune aide au lecteur dans le processus de hiérarchisation des propositions indispensable à l'interprétation :

25-28. Il faut aussi examiner l'importance de l'enseignement supérieur pour tout le pays, et non pas seulement pour les individus. De nos jours tous les pays ont besoin des esprits intelligents qui peuvent mener les affaires et les activités du pays d'une manière efficace. L'éducation nous assure qu'il existe de telles personnes et une réduction qui limite les produits humains qui viennent des universités et des autres établissements pédagogiques n'est que plus désavantageuse.

Il y a donc une double non-correspondance entre *statut syntaxique* et *statut rhétorique* :
– signaux syntaxiques trompeurs : propositions importantes (en relation avec le sujet à traiter, et nécessaires pour la compréhension et l'intégration des arguments) mais syntaxiquement subordonnées ;

---

26. Ces difficultés d'analyse, rappelons-le, signalent des difficultés éventuelles de lecture : l'analyse de la structure rhétorique se fonde en effet sur une interprétation et l'analyste se situe en lecteur face au texte.

– manque de relief syntaxique pour distinguer noyaux et satellites.

S'il y a une ressemblance certaine entre les deux copies au plan des idées, des arguments, elles diffèrent considérablement au plan rhétorique. La copie en français langue étrangère ne présente pas de thèse à laquelle rattacher ses arguments. Cela est reflété par l'absence des procédés identifiés dans la copie en anglais langue maternelle comme signaux de noyaux principaux : introducteurs métadiscursifs et marques de la présence de l'énonciateur. En revanche, les débuts de segments sont régulièrement marqués par des circonstanciels.

2.3. Évaluation de la méthode

L'analyse de la structure rhétorique se présente comme une sorte de contrepoint aux analyses à tendance « objectivisante » présentées auparavant. La relativité de l'analyse, fondée comme elle l'est sur une interprétation personnelle de l'analyste, risque de gêner, même si on peut la justifier en la rapprochant du processus « normal » de lecture. On aura maintenant pris conscience du dilemme du linguiste ou du didacticien s'intéressant aux textes en tant qu'entités fonctionnelles et porteuses de sens. Les objets ou unités d'analyse permettant une étude objective manquent généralement de pertinence et ceux qui sont pertinents sont difficiles à saisir de façon objective. C'est pourquoi je propose une solution de compromis qui consiste à compléter des analyses ponctuelles à visée quantitative et objective par des études de cas délibérément qualitatives et interprétatives. Dialogue des méthodologies et gymnastique intellectuelle qui ne peuvent être que bénéfiques.

3

Le style linguistique : reflet du style cognitif ?

L'analyse présentée ci-dessous ne s'inscrit pas dans le contexte de la didactique des langues, et ce dépaysement me permettra de mettre l'accent sur deux remarques méthodologiques interdépendantes de valeur générale :
– la nécessité d'adapter soigneusement la démarche d'analyse à son objectif ;
– le fait qu'il faut s'attendre à ce que l'existence même d'observables pertinents soit relative à cet objectif : pas de caractéristiques généralisables en *langue* pour les fonctions textuelles, mais des marques propres à un certain type de texte ou investies de la fonction observée sous certaines conditions seulement.

3.1. Construire un modèle de l'apprenant pour un système tuteur intelligent

L'analyse résumée ci-dessous d'un corpus de définitions produites par des étudiants dans trois domaines distincts – psychologie, informatique et techniques de gestion (Nicaud et Prince, 1991) – a été entreprise afin de fournir un fondement linguistique à la modélisation de l'apprenant pour un système tuteur intelligent. Dans le contexte de l'enseignement assisté par ordinateur (EAO), ce qui caractérise un système «intelligent», c'est son aptitude à s'adapter à son utilisateur. Le système dont je vais parler [27] a pour originalité de chercher à

_____
27. TEDDI : Tuteur d'enseignement de définitions individualisé (Daniel, Nicaud, Prince et Péry-Woodley, 1992).

s'adapter non seulement au niveau de connaissances de son utilisateur, mais également à sa façon d'apprendre et de conceptualiser, en d'autres termes à son *style cognitif.*

3.1.1. Indices linguistiques du cognitif

Alors que, d'une façon générale, les modules de modélisation de l'utilisateur dans de tels systèmes font très peu de cas de la formulation des réponses par l'apprenant, passant tout de suite à une interprétation qui sera comparée en termes d'exactitude et de complétude aux connaissances attendues, TEDDI comporte aussi un module de modélisation cognitive de l'étudiant fondé sur l'hypothèse d'une relation étroite entre *style cognitif* et *style linguistique.* On peut en effet s'attendre à ce que le texte produit par un étudiant en réponse à une demande de définition reflète l'organisation cognitive de ses connaissances. La modélisation cognitive dans TEDDI dépend donc d'une analyse linguistique fine des textes. Puisqu'il s'agit d'un système informatisé, deux nécessités sont à prendre en compte :
– il faut pour être utilisable que le « style linguistique » soit repérable automatiquement de façon fiable ;
– d'autre part, pour que ce type de modélisation cognitive soit réutilisable, il serait souhaitable que les caractéristiques « stylistiques » pertinentes soient indépendantes du domaine.

3.1.2. Mais qu'est-ce que le « style linguistique » ?

Pour le linguiste, une première question se pose : qu'est-ce que le « style linguistique » ? Dans le contexte de la modélisation de l'utilisateur d'un tuteur intelligent, cette notion doit être définie d'une façon qui soit non seulement linguistiquement fondée mais également pertinente sur le plan cognitif, et qui se prête à une analyse automatique. La tâche de l'étudiant rédigeant une définition sera considérée avant tout comme une tâche de *construction de texte* : les stratégies mises en jeu par le scripteur pour aborder cette tâche et organiser la matière textuelle laissent des traces à la surface du texte, traces qui peuvent être envisagées comme des *marqueurs* de style.

Comme on l'a vu dans le chapitre précédent, les deux aspects les mieux compris de l'organisation textuelle sont la structure thématique et la structure rhétorique. C'est donc

selon ces deux types de structure que le corpus de définitions sera analysé. On a également vu que certaines situations d'écriture exigent que la cohérence soit explicite, de
manière à guider le mieux possible le processus d'interprétation du texte par le lecteur. La situation d'évaluation de
connaissances dans le contexte universitaire qui sert de toile
de fond à notre corpus appartient sans nul doute à cette
catégorie.

3.2. Analyse et résultats

3.2.1. Corpus et méthode

Le corpus, recueilli auprès d'étudiants à divers stades du
cursus universitaire, se compose de trois parties, de façon à
tester l'indépendance des marqueurs repérés par rapport au
domaine :

- Psychologie (PSYCHO) :
– six définitions en réponse à « Qu'est-ce qu'un N ? », avec
consigne de donner une réponse de type dictionnaire
– 12 sujets

- Informatique (INFO) :
– trois définitions, mêmes consignes que pour le corpus
PSYCHO
– 174 sujets

- Techniques de gestion (GEST)
– une définition en réponse à « donner la définition de N »
– 39 sujets

La démarche adoptée pourrait être qualifiée d'« exploration guidée », c'est-à-dire qu'elle a été guidée par les notions
de *thème* et de *relations entre propositions*, mais elle a
cherché en même temps à prendre en compte les caractéristiques émergeant des textes, l'un des objectifs étant en effet
d'identifier des marqueurs « non classiques ». Elle a suivi un
double mouvement, d'abord tournée vers le thème dans
l'étude de l'*attaque* des définitions, ensuite vers les relations
entre propositions dans l'analyse de leur *structure* rhétorique.

3.2.2. L'attaque de la définition

Le thème :
définitions-processus et définitions-concept

Une première façon d'aborder le corpus est de se demander ce qui est présenté d'emblée comme le thème de la définition. « Thème » est à prendre ici dans son sens intuitif de « ce sur quoi porte la définition ». On a vu que, au niveau de la phrase le thème est associé de façon privilégiée avec l'élément en position initiale et avec le sujet grammatical. Ces observations ont conduit à un examen attentif du sujet grammatical de la première phrase des définitions (l'*attaque)*. On peut distinguer deux stratégies opposées :
– le point de départ de la définition n'est pas le concept à définir ;
– le point de départ de la définition est – de façon explicite ou implicite – le concept à définir.

Ces stratégies sont illustrées respectivement par les exemples 1-2 et 3-4, qui font tous partie du corpus PSYCHO et qui répondent à la question « Qu'est-ce que la récupération spontanée ? » :

Ex. 1 : L'animal est placé dans sa cage. Au bout d'un certain temps on lui présente le stimulus son, il va se mettre à baver.

Ex. 2 : Après extinction et une période de repos, on présente de nouveau le stimulus conditionnel à l'animal, on constate de nouveau la réaction conditionnelle.

Ex. 3 : C'est le fait de réobtenir une réponse conditionnée, après extinction, sans qu'il y ait présentation du renforçateur.

Ex. 4 : Réapparition d'une réponse conditionnelle, ayant subi une extinction, sans renforcement.

Les exemples 1 et 2 décrivent un processus et prennent pour thème un « personnage » intervenant dans ce processus : l'animal en 1, le chercheur en 2 ; les exemples 3 et 4 établissent une relation d'équivalence entre le concept à définir – qui fournit le thème, exprimé ou non, de la définition – et un autre concept. Une première classification distingue donc des *définitions-processus* et des *définitions-concept*.

Du processus au concept : *un continuum*

L'identification de caractéristiques plus fines des *attaques* amène à penser cette opposition comme un continuum plutôt qu'une dichotomie. On peut observer en particulier différentes formes – ou degrés – de nominalisation du processus :

nominalisation minimale s'il s'agit d'un infinitif, qui élimine quand même le sujet – le « personnage » des exemples 1 et 2 – (voir ex. 5 ci-dessous et nominalisation plus nette, « *le fait de réobtenir* » dans l'exemple 3) ; nominalisation plus poussée et plus conceptuelle lorsqu'on emploie un terme général – « *phénomène* », « *action* », « *opération* », « *mécanisme* » – précisé par un modificateur (ex. 6 et 7). Il s'agit de *définitions-concept* puisque le thème est clairement le concept à définir, mais elles le définissent comme un processus.

Ex. 5 : Tri : Ordonner un ensemble d'éléments selon un ordre précis.

Ex. 6 : Un tri est un mécanisme qui permet d'ordonner un ensemble d'éléments de même type suivant un critère donné.

Ex.7 : Phénomène correspondant à la levée de l'inhibition inhérente à l'extinction [28].

Les résultats de l'analyse sont résumés dans le tableau 1 ci-dessous :

Tableau 1 : *l'attaque des définitions*

PROCESSUS ◄───────────────────► CONCEPT

I. histoire	II. action	III. mot d'action	IV. mot-concept
Après extinction et une période de repos, on présente de nouveau le stimulus conditionnel à l'animal, on constate de nouveau la réaction conditionnelle.	Réobtenir une réponse conditionnée, après extinction, sans qu'il y ait présentation du renforçateur.	Phénomène correspondant à la levée naturelle de l'inhibition inhérente à l'extinction d'un conditionnement.	Réapparition d'une réponse conditionnelle, ayant subi une extinction, sans renforcement.
	(V+Prép+)Inf N+V≠ cop	N + Rel N + Prép + Inf N + V-ant	N + SPrép N + SAdj [29]

On trouve représenté en haut du tableau le continuum allant de la définition-processus à la définition-concept. Sont

---

28. L'exemple 7 est issu de la même série que les exemples précédents ; les exemples 5 et 6 sont extraits du corpus INFO et répondent à la question : « Qu'est-ce qu'un tri ? »

29. V= verbe ; Inf = infinitif ; N = nom ; cop = copule ; Rel = proposition relative ; Prép = préposition ; V-ant = participe présent ; SPrép = syntagme prépositionnel ; SAdj = syntagme adjectival.

ensuite distingués dans ce continuum quatre stades – appelés respectivement *histoire, action, mot d'action, mot-concept* – illustrés chacun par une définition (répondant à la question « Qu'est-ce que la récupération spontanée ? »). Sous ces exemples ont été placées les listes de marqueurs permettant de repérer ces catégories dans le corpus. La première catégorie est identifiée par défaut : elle n'est marquée par aucune des formes typiques de la définition.

Des stratégies textuelles au ras du texte

On constate donc une correspondance remarquable entre forme syntaxique et stratégie textuelle : le type I, *histoire (*ex. 1 et 2), peut avoir pour sujet n'importe quel référent – sauf le concept à définir – suivi de n'importe quel verbe : il n'a aucun des traits typiques d'une définition. Dans les types II, III et IV, le sujet de l'attaque, explicite ou implicite (dans les cas d'ellipses), est le concept à définir. Le type 2, *action*, est marqué par la prééminence des éléments verbaux : construction infinitive (ex. 3 et 5) ou verbe conjugué (sauf copule). Le type III, *mot d'action*, est à la fois nominal et verbal, caractérisé par un nom général modifié par un élément verbal – proposition relative (ex. 6), infinitif (ex. : « Tri : une manière d'ordonner les choses entre elles ») ou participe présent (ex. 7). Le type IV, *mot-concept*, est entièrement nominal : une nominalisation avec un modificateur qui peut être un syntagme prépositionnel (ex. 4) ou adjectival (ex. : « – Qu'est-ce que le réapprentissage ? – Nouvel apprentissage beaucoup plus rapide que le premier. »).

Le fait que les différents types d'*attaque* se révèlent ainsi réalisés par différentes configurations syntaxiques est satisfaisant à plus d'un titre : d'abord parce que l'identification automatique de ces types va s'avérer relativement aisée ; ensuite parce que cela confirme mon intuition que ces types correspondent à différentes façons de construire un texte pour la tâche donnée. Il est intéressant également de constater que le type I, *histoire*, le moins approprié à la tâche, est celui qui n'a pas de syntaxe spécifique et ne peut être défini que par défaut. Si les définitions sont porteuses de marques syntaxiques, c'est parce qu'elles nécessitent des processus textuels particuliers, et on peut s'attendre à ce qu'un texte qui n'est pas « typé » syntaxiquement ne fonctionne pas très bien en tant que définition. Nous allons voir toutefois dans la section suivante que l'analyse de la *structure* des réponses va servir à moduler les conclusions qu'on pourrait tirer de cette première phase de l'analyse.

3.2.3. La structure de la définition

Cette section examine comment les éléments de la définition forment une structure : de façon à caractériser les définitions d'étudiants, l'analyse va chercher à identifier les marqueurs de relations entre éléments – qui peuvent être des segments de texte de longueurs diverses – et à comparer les structures ainsi constituées avec des schémas de définitions « canoniques ». Le modèle de structure rhétorique de Mann et Thompson présenté dans la deuxième partie (chapitre 3) fournit un cadre à l'analyse des relations. On a retenu trois relations particulièrement fréquentes dans le corpus : elles constituent trois formes de la relation d'élaboration, auxquelles sont associés divers types de marqueurs : connecteurs « classiques » mais aussi configurations de syntaxe et de ponctuation. J'ai nommé ces relations *identification,* *explicitation/illustration* et *situation/explication.*

Identification

Il y a une relation d'identification quand un lien explicite est établi entre un segment de texte et le concept à définir, comme dans les exemples suivants :

Ex. 8 : Après avoir observé une extinction et après une période de repos si on recommence une série de tests, on observe une RC à la présentation de SC [30] : c'est la récupération spontanée de l'apprentissage.

Ex. 9 : C'est l'acquisition d'un comportement nouveau en réponse à un stimulus neutre (ne provoquant pas de réponse initialement). Il s'obtient à l'aide d'expériences répétées et par des renforcements du stimulus neutre (appelé stimulus conditionnel).

Dans l'exemple 8 l'identification intervient comme pour conclure la définition, alors qu'en 9 elle représente l'*attaque.* Pour commencer à relier les deux temps de l'analyse (*attaque* et *structure*), on peut signaler que toute attaque de type III, *mot d'action,* ou IV, *mot-concept,* constitue une identification par le parallélisme qu'elle établit, explicitement ou implicitement, entre le concept à définir et un autre référent. L'identification est par conséquent signalée par les mêmes marqueurs que les attaques 3 et 4 à l'initiale, et par « c'est » ou « terme à définir + copule » dans les autres cas.

---

30. RC et SC : abréviations utilisées par les étudiants pour « réponse conditionnelle » et « stimulus conditionnel ».

Explicitation/illustration

C'est la relation qui relie une prédication et les exemples servant à l'illustrer. La conjonction de l'explication et de l'illustration est claire dans le corpus : un élément explicatif – *« ils peuvent être »* (ex. 10) ; *« on peut trier »* (ex. 11) introduit un élément illustratif – *« par exemple »* (ex. 10) ; *« croissant ou décroissant »* (ex. 11). Ce lien a sans doute trait à la tâche de définition, et on serait peut-être amené à considérer ces aspects séparément dans un autre contexte. Parmi les marqueurs associés à l'*explicitation/illustration*, on trouve le classique *« par exemple »* (ex. 10), ainsi que des traits lexicaux, syntaxiques ou des traits de ponctuation moins évidents, comme dans les exemples 11 et 12 :

> Ex. 10 : Un tri est un rangement ordonné de mots, lettres ou chiffres. Ils peuvent être rangés dans un ordre prédéfini, par exemple dans un ordre croissant ou décroissant.

> Ex. 11 : Un tri permet de classer des éléments suivant un certain ordre (croissant ou décroissant).
> Il peut se faire sur des éléments numériques, alpha-numériques ou alphabétiques.
> On peut trier des éléments suivant plusieurs méthodes : quicksort, dichotomie, insertion, heapsort, sélection, méthode bulle.

> Ex. 12 : Un tri permet d'ordonner des données suivant une relation d'ordre préalablement établie.
> D'un point de vue algorithmique nous avons plusieurs principes de tri qui sont plus ou moins performants.
> Par exemple le tri « bulle » qui est très lent, ou le heapsort, qui, lui, est très performant, c'est-à-dire très rapide.

Les exemples ci-dessus illustrent certaines des régularités dans la signalisation de l'illustration : en particulier les listes, indiquées par la ponctuation, par « *etc.* », par « *ou* », et annoncées par « *nous avons* », « *il existe* », « *plusieurs* ». Les marques textuelles, nous l'avons vu plus haut (2e partie), n'appartiennent pas au système de la langue, mais sont le résultat d'une exploitation pragmatique d'éléments plurifonctionnels dans une situation particulière réalisée par un type de texte particulier. Les marques subtiles, « non classiques », que nous voyons ici sont des exemples de cette exploitation pragmatique : dans une définition, une liste a de grandes chances d'être une illustration, et comme il existe des signaux formels indiquant qu'on a affaire à une liste, ces signaux peuvent être considérés dans une définition comme des marqueurs de la relation d'illustration. Leur plurifonctionnalité limite cependant leur fiabilité : « *ou* » peut apparaître dans une liste mais aussi dans de nombreux autres contextes. Il serait possible d'affiner l'analyse en ne comptant les marqueurs « douteux » que lorsqu'ils apparaissent dans des configurations typiques, par exemple « *ou* » précédé de termes d'annonce (« *nous avons* », « *il existe* ») ou suivi d'une ponctuation d'énumération.

Situation/explication

La situation/explication est une autre forme d'élaboration fréquente dans le corpus : c'est la relation qui relie la description de la fonction ou des attributs du terme à définir à un autre segment de texte, le plus souvent l'identification. Dans le corpus, l'un des procédés les plus fréquents pour situer et expliquer est constitué par la construction hypothético-déductive de type « si… alors » ; il se réalise par des formes diverses, dont les plus courantes sont illustrées dans les exemples suivants :

Ex. 13 : Le tableau de financement est un récapitulatif des emplois stables et des ressources durables que possède l'entreprise. Il permet d'obtenir le fond de roulement net et global et en cela il est un bon indicateur de la sécurité de la situation financière de l'entreprise. Si FRN est supérieur à la partie structurelle du BFRE, alors il est suffisant.

Ex. 14 : Après avoir observé une extinction et après une période de repos si on recommence une série de tests, on observe une RC à la présentation de SC : c'est la récupération spontanée de l'apprentissage.

Ex. 15 : C'est le désapprentissage. Si l'on ne présente plus que le stimulus neutre, il n'y aura plus de réponse.
Pour Pavlov après le conditionnement on ne présente plus que le son le chien ne salivera plus.

Encore une fois, à côté de marqueurs pleinement explicites comme dans l'exemple 13, on trouve une signalisation plus subtile de la même relation : « *si* » sans « alors » dans l'exemple 14 ; et dans la seconde explication de l'exemple 15, l'absence de « si… alors » n'empêche en rien la suite « *on ne présente plus… le chien ne salivera plus* » d'être interprétée comme hypothético-déductive.

Des marques subtiles et liées au type de texte

Le tableau 2 résume les marques identifiées dans le corpus pour les trois relations.

Tableau 2 : *marques de relations entre propositions*

identification	explicitation/ illustration	situation/ explication
c'est + N [attaque 3 ou 4]	(par) exemple N1, N2, Nn (etc.) (...) [31] il existe nous avons plusieurs/nombreux SAdj1 ou SAdj2 ou SAdjn	si P1, (alors) P2 lorsque P1, alors P2 quand P1, alors P2 P1, alors P2 P1, P2 [futur] P1, P2 [on observe/ constate] N = terme à définir + V ≠ cop

Schémas canoniques

Les relations présentées ci-dessus se combinent en schémas textuels. Outre l'intérêt pour la modélisation cognitive de l'utilisateur de déterminer s'il utilise un schéma privilégiant l'illustration, l'associant à l'explication, ou limité à l'identification, la notion de schéma permet également de comparer les textes d'étudiants à des textes « experts ». Ainsi, les schémas de définition et de description, qui fournissent à McKeown (1985) un fondement textuel pour un système de génération automatique de textes, comportent tous une relation d'identification, souvent absente des définitions d'étudiants. On retrouve également cette relation, de façon systématique, dans les définitions du *Dictionnaire de poétique et de rhétorique (*Morier, 1981). Le fait qu'il s'agit là d'une relation obligatoire dans un schéma de définition s'explique par la théorie de la structure rhétorique : l'identification est le noyau auquel viennent s'attacher les divers satellites d'élaboration ; une définition composée d'explications ou d'illustrations sans identification n'a pas de noyau. Les définitions 16 et 17 ci-dessous se ressemblent : elles commencent toutes deux par une *situation/explication* formulée dans une forme hypothético-déductive « classique » ; mais seule 16 se poursuit par une identification, se conformant ainsi au plan textuel à ce qu'on attend d'une définition.

---

31. C'est-à-dire une liste composée d'un nombre indéterminé de N et pouvant se terminer par « etc. » ou par des points de suspension.

Ex. 16 : Après une extinction et un temps de repos, si on représente le stimulus conditionnel, on observe le comportement initialement induit par le conditionnement : c'est le phénomène de la récupération spontanée.

Ex. 17 : Après extinction et une période de repos, on présente de nouveau le stimulus conditionnel à l'animal, on constate de nouveau la réaction conditionnelle.

La notion de schéma textuel fournit également un cadre pour l'intégration des deux phases de l'analyse : *attaque* et *structure*. Nous avons vu que l'identification peut se faire dans l'attaque (types III et IV), ou plus avant dans le texte, comme dans l'exemple 16. L'interprétation cognitive du style de la définition devra prendre en compte les deux phases de l'analyse.

L'hypothèse de départ de cette étude empirique était qu'il existe des marqueurs de surface signalant différentes façons d'aborder la tâche de définition. Cette hypothèse est confirmée dans une large mesure par les résultats de l'analyse. Les définitions composant le corpus se rangent en des types bien distincts, et que l'on peut légitimement et utilement relier aux stratégies textuelles et au mode d'organisation cognitive des scripteurs. La notion de style se voit ainsi définie d'une façon originale. L'analyse conduit aussi à une reconsidération de la notion de connecteur. Les marqueurs qui caractérisent les différents styles de définition correspondent en partie seulement à la vision traditionnelle des connecteurs textuels : on y trouve également des marques non lexicales telles que des configurations de syntaxe et de ponctuation.

4

Marqueurs et signaux : la pragmatique à fleur de texte

En conclusion à cette série de comptes rendus d'analyse, on va ici faire le point sur une catégorie d'éléments dont dépend la notion même d'analyse : les marques d'organisation textuelle à la surface des textes.

4.1. Le texte comme interaction

Dans la première partie, on a passé en revue les travaux sur la *cohésion* textuelle et on a cherché à évaluer le rôle de la *cohésion* dans la *cohérence*. La cohésion est apparue comme un résultat de la cohérence autant qu'elle en est un facteur : la relation de référence entre deux éléments textuels est « construite » par le lecteur en fonction du modèle de la structure du texte qu'il élabore au fur et à mesure de la lecture. Elle contribue ensuite à son tour à ce modèle et contraint l'interprétation subséquente.

La cohésion est souvent définie comme les *liens* qui, de phrase en phrase, tissent la *texture* du texte. La perspective qui s'est peu à peu dégagée de cet ouvrage est plus dynamique et plus pragmatique. Le texte y est conçu comme *interaction* : il s'agit de faire surgir chez le lecteur certains référents, de les lui faire accepter comme *thèmes* du discours et de faire à propos de ces référents certaines prédications qui ont pour but de produire chez lui un changement cognitif – changement de croyances, au sens large du terme.

L'écrit impose de nombreuses contraintes à cette interaction : elle se déroule de façon indirecte, distanciée et beaucoup plus strictement linéaire que dans un échange oral. Le manque de prise en compte de ces contraintes caractérise souvent les textes produits par de jeunes enfants, qui ont par exemple tendance à considérer qu'un référent *saillant* pour eux au moment de l'écriture – souvent issu du contexte de situation – l'est tout autant pour le lecteur présumé. La mise en texte peut être décrite comme l'ensemble des processus par lesquels le rédacteur met sous forme linéaire des « idées » – référents et prédications sur ces référents – qui au départ ne le sont pas, et ce pour atteindre un objectif communicatif. Les traces de ces processus de mise en texte sont aussi les marques qui vont guider le lecteur dans la reconstruction d'une structure en relief, hiérarchisée, à partir de la structure plate qu'est le texte, ainsi que dans l'identification d'un objectif communicatif.

4.2. Les charnières de la mise en texte

Dans cette optique, l'importance de ces marques est évidente, que ce soit pour le linguiste qui veut comprendre le fonctionnement de la communication textuelle, ou pour l'enseignant qui veut améliorer ou évaluer les productions écrites de ses étudiants. Les analyses qui précèdent ont toutes pour objectif une meilleure compréhension de la nature et du fonctionnement de ces marques de mise en texte. Les questions qui se posent s'organisent en trois interrogations principales :
– Quels sont les processus susceptibles de laisser des traces à la surface des textes ?
– Quels sont les éléments susceptibles de fonctionner comme marque ?
– Quelle est la nature du lien entre ces éléments et leur fonction comme marque ?

On a apporté des éléments de réponse à la première question en examinant deux processus de mise en texte :
– la structuration de l'information selon le degré de « nouveauté » et la création d'une structure thématique,
– l'établissement de liens rhétoriques entre propositions.

Pour la deuxième question, on a vu, en particulier au chapitre précédent, qu'il est utile de « râtisser large » et de ne pas s'en tenir aux mots de liaison et autres connecteurs « classiques ». Avec la troisième question, on se demande si le lien entre marque et fonction est totalement régulier et absolu, ou s'il est variable ou conditionnel, auquel cas il est important de déterminer les conditions qui régissent son fonctionnement. La fiabilité des marques de textualisation est un problème central et immédiat en didactique comme en linguistique. Les commentaires des analyses de cette troisième partie ont montré que, comme partout en ce qui concerne le fonctionnement linguistique, le lien forme-fonction n'est pas évident.

Dans ce qui suit, on va résumer et évaluer ce que les analyses qui viennent d'être présentées peuvent nous apprendre sur les marques de mise en texte. Mais il est utile de commencer par situer brièvement ces études et les interrogations qu'elles suscitent.

4.2.1. Des marqueurs prédéfinis

La plupart des travaux semblent prendre un point de départ différent du mien : leurs auteurs partent de mots qu'ils nomment « mots de liaison » ou « connecteurs » pour en étudier le fonctionnement. Dans l'optique pragmatique, influencée par les méthodes issues de l'ethnologie de la communication, ce qui a surtout intéressé les chercheurs, c'est la conversation et le rôle de ces petits mots « fonctionnels » qui n'ont de sens que pragmatique, (les « bon », « alors », « d'ailleurs », « à propos »), et dont l'importance dans la construction du sens avait été négligée par les approches syntaxico-sémantiques. On retrouve cette démarche en linguistique informatique dans les travaux sur la compréhension du langage naturel et la modélisation du dialogue (Reichman, 1984). Dans certains cas les auteurs partent de listes de mots de liaison telles qu'on en trouve dans les grammaires pour examiner leur fonctionnement dans des exemples fabriqués (Cohen, 1984). Toujours dans le domaine de la linguistique informatique, les travaux minutieux de Brée et Smit (1986) prennent également comme point de départ des listes de connecteurs établies par les grammaires, observés cette fois en contexte. Leur objectif est de rendre compte des relations sémantiques signalées par les conjonctions de subordination d'une façon qui puisse faire l'objet d'un traitement automatique.

4.2.2. Éclairer la fonction
plutôt que le marqueur

Ces travaux, qui présentent des analyses souvent très fines du fonctionnement des mots en question, étudient la fonction textuelle à partir de mots particuliers ; ils ne se demandent généralement pas si on retrouve cette même fonction avec d'autres marques, ou sans marque du tout. Dans le cadre de la didactique de l'écrit ou de la modélisation de l'apprenant pour un tuteur intelligent, la démarche inverse s'impose : on a besoin de savoir non seulement qu'une forme A est associée à une fonction textuelle F, mais aussi quelles autres formes peuvent être associées à la fonction F, et quelles autres fonctions peuvent être associées à la forme A. Il est donc nécessaire d'être réceptif à deux éventualités : premièrement, la relation forme/fonction peut ne pas être stable ; deuxièmement, les formes signalant des fonctions textuelles ne sont pas nécessairement des formes lexicales, comme les connecteurs et les mots de liaison souvent analysés. La démarche à adopter est par conséquent inverse : partir de la fonction, ici les processus « connus » de mise en texte, et chercher à en identifier les traces à la surface des textes.

Parmi les travaux ayant adopté cette démarche, on peut citer ceux de Adam et Revaz (1989). Leur étude porte sur les marqueurs d'énumération dans les textes descriptifs et me paraît remarquable pour deux raisons :
• D'abord, elle se distingue d'emblée des études se situant dans le cadre d'une linguistique « locale » – syntaxe, sémantique et/ou pragmatique de micro-séquences. Pour ces auteurs le fonctionnement des marqueurs ne peut être compris que par rapport à la structure globale du texte, elle-même déterminée par le type de texte : ils font état d'une « *surdétermination globale, liée certes à la mise en discours (plan "sémantique" de Benveniste), mais aussi à la mise en texte et même à la mise en séquences textuelles de types différents* » (1989, p. 59). Cette surdétermination fait qu'un connecteur, « alors » par exemple, aura une fonction et une valeur différentes selon qu'il apparaîtra dans un texte (ou fragment) narratif (« alors » chronologique) ou argumentatif (« alors » causal).
• Deuxièmement, l'étude prend comme point de départ deux fonctions – l'énumération et la reformulation – et non les connecteurs eux-mêmes, et l'analyse fine de ces deux fonctions dans des textes réels conduit les auteurs à présenter en

relation d'équivalence fonctionnelle des types de formes aussi différents que mots lexicaux et configurations syntaxiques ; ainsi la reformulation peut être signalée par des connecteurs tels que « enfin », « bref », ou « donc », ou par la forme syntaxique « N1 (c'est) un N2 » (1989, pp. 86-87). On reviendra sur ces deux conclusions de Adam et Revaz après la brève synthèse des marques de mise en texte proposée ci-dessous.

4.3. Quelles marques pour quelle fonction textuelle ?

La démarche adoptée ici est donc de prendre comme point de départ la fonction présumée des marques, ou, plus précisément, le processus de mise en texte susceptible de laisser des traces à la surface des textes. Les processus communs à la plupart des types de textes écrits et ceux qui sont les mieux documentés ont trait :
– à la structuration de l'information dans la phrase : entités *connues* ou présupposées et entités *nouvelles* (posées) ;
– à la structuration thématique : sélection, maintien et changement de thèmes ;
– à la création d'une structure rhétorique : hiérarchisation des propositions, établissement de liens entre elles.

4.3.1. Marques de structuration de l'information

■ ordre normal : **connu** avant **nouveau**	Pourquoi est-ce qu'il boit ? *Il boit* pour oublier. Qu'est-ce qu'il fait pour oublier ? *Pour oublier*, il boit.
■ ellipses et anaphores : information **connue**	Que fait Pierre pour oublier ? *Il* boit.
■ syntaxe marquée : phrases clivées = **nouveau** avant **connu**	Qui boit pour oublier ? *C'est Pierre* qui boit pour oublier.

4.3.2. Marques de structuration thématique

■ Complexité syntaxique : **sélection/hiérarchisation thématique**	*Tous les hommes* sont mortels ; Or *Socrate* est un homme ; Donc *Socrate* est mortel. (2 thèmes)
	Socrate est mortel, puisqu'il est un homme et que tous les hommes sont mortels. (1 thème)
■ Syntaxe spécialisée : • sujet de **passif** = thème	*Socrate* a été persécuté par les autorités.
• **dislocation** à gauche ou à droite (langue parlée) = thème	*Socrate*, les autorités l'ont persécuté.
	Les autorités l'ont persécuté, *Socrate.*
■ Connecteurs : • = introduction d'un thème contrastant	Par contre, Platon...
• = (r)établissement d'un thème	Pour ce qui est de Platon... Quant à Platon...
■ Nature du SN sujet (échelle de potentiel thématique)	
• SN lexical défini = ++	*Le* philosophe grec..., *il* fut persécuté...
• SN lexical indéfini = −	*Un* philosophe grec... *N'importe quel* philosophe grec...
• pronom impersonnel = −−	Il y avait...

4.3.3. Marques de structuration rhétorique

■ Hiérarchisation par syntaxe complexe :	
• proposition principale = noyau	*Socrate est mortel,* puisqu'il est un homme et que tous les hommes sont mortels.
• propositions subordonnées = satellites	
■ Syntaxe spécialisée :	
• phrase clivée = noyau	

■ Liens explicites (valeur sémantique) entre propositions	
• par syntaxe complexe (conjonctions)	Socrate est mortel, *puisqu'il* est un homme et que tous les hommes sont mortels.
• par connecteurs	..., donc Socrate est mortel.
■ Fonctions rhétoriques spécialisées (énumération, reformulation, exemplification, etc.)	*Par exemple* on peut trier des chiffres dans l'ordre croissant : du plus petit au plus grand

4.4. Bilan : nature de la relation marque/fonction

Les tableaux ci-dessus représentent une schématisation et ne doivent pas être considérés comme un résumé exhaustif de tous les types possibles de marques de mise en texte. C'est d'autant plus vrai que de nombreuses marques, liées à des processus spécifiques de certains types de textes – ou tout au moins à des processus particulièrement en évidence dans certains types –, peuvent être spécialisées. Cette notion de spécialisation aide à élucider la nature de la relation forme/fonction en ce qui concerne ces marques. On ne peut pas dire d'une forme A qu'elle possède une fonction B : une fonction textuelle « n'appartient » pas à une forme, mais il y a dans certaines conditions « exploitation pragmatique » (Davison, 1984) de formes ou de constructions ayant par ailleurs une fonction syntaxique ou sémantique dans le contexte immédiat de la phrase. Ainsi, la fonction syntaxique *sujet* est souvent en français associée à la fonction textuelle *thème*.

Un exemple d'exploitation pragmatique plus spécialisée a été présenté dans le chapitre 3 *supra* : dans une définition la configuration typique d'une liste – « x, y, (...), (ou) z » – tend à indiquer que le segment où se trouve la liste est rhétoriquement parlant dans une relation d'exemplification avec le segment précédent.

Un tri permet de classer des éléments suivant un certain ordre (croissant ou décroissant). Il peut se faire sur des éléments numériques, alpha-numériques ou alphabétiques.

Il ne s'agit donc pas d'un codage absolument régulier en *langue*, mais plutôt d'une association habituelle et par conséquent suffisamment reconnaissable pour être chargée de sens.

En ce qui concerne les processus les plus généraux, parce que les plus profondément cognitifs – la structuration de l'information en *donné* et *nouveau* en particulier – l'association forme-fonction est probablement généralisable quel que soit le type de texte. Les processus ayant trait à la structuration rhétorique sont en revanche beaucoup plus liés au type de texte et on peut en fait étendre la notion de surdétermination signalée plus haut (4.2.2.) : il y a surdétermination globale lorsque « alors » prend un sens chronologique dans une séquence narrative, et un sens causal dans une séquence argumentative ; on peut également parler de surdétermination globale lorsque les marques qui signalent une liste signalent aussi, au niveau textuel et dans une définition, une relation d'exemplification. Cela conduit à une conception cyclique du processus d'interprétation des textes : un connecteur comme « alors » est interprété comme un marqueur chronologique parce que la séquence a déjà été identifiée comme un récit (et non une argumentation) mais, en même temps, la présence, répétée, de « alors » a contribué à l'identification du type de texte « récit ».

Si ces importantes marques de mise en texte paraissent quelque peu aléatoires, il y a dans leur relation avec le type de texte un élément rassurant pour les didacticiens de l'écrit : là où, dans la conversation, il y a négociation constante des thèmes et des objectifs de l'interaction, là où, dans les textes poétiques ou ludiques, le lecteur doit pouvoir partir dans des directions non prévues par le scripteur, la règle du jeu, dans l'écrit scolaire et universitaire, est que le texte doit guider le lecteur au maximum dans son interprétation. Cette exigence de cohérence explicite (voir 2e partie, 1.2.) fait de ces productions écrites en situation d'apprentissage de « bons » textes pour l'analyse des marqueurs et elle rend en retour leur analyse d'autant plus pertinente.

IV

Analyse des écrits
et pédagogie de l'écrit

*Les analyses d'écrits d'apprenants présentées dans la
troisième partie se situent toutes en amont de l'activité
didactique et sont avant tout concernées par les processus linguistiques liés à la mise en texte, et par leur
apprentissage. On va maintenant s'intéresser à ce que le
regard sur les textes défini dans la deuxième partie
peut apporter à la didactique de l'écrit, et suggérer des
pratiques pédagogiques. Le premier chapitre est consacré à l'utilisation de reformulations [1] effectuées par un
locuteur natif pour amener les apprenants à réfléchir, à
partir de leurs propres textes, sur les relations entre
décisions linguistiques et intentions d'expression. Dans
le deuxième, on abandonne l'analyse des écrits d'apprenants pour proposer des « gammes » sur des textes journalistiques, toujours dans un but de sensibilisation aux
conséquences textuelles de choix syntaxiques, et des
« exercices de style » mettant en pratique la réflexion
typologique de la deuxième partie. Enfin un dernier
chapitre passe en revue des outils informatiques qui
peuvent favoriser cette sensibilisation à la dimension
textuelle, soit en permettant à l'apprenant de soumettre
son propre texte à l'analyse, soit en lui proposant des
exercices appropriés.*

---

1. Le mot « reformulation » reçoit dans ce contexte un sens différent de son
emploi commun.

1

La reformulation comme pratique pédagogique

La stratégie pédagogique centrée sur la reformulation qui fait l'objet de ce chapitre a déjà été brièvement présentée dans la section intitulée « Reformulation syntaxique et cohésion textuelle » (3ᵉ partie, 1.4.). Ici je vais la décrire en détail de façon à en démontrer l'intérêt pour une approche « textuelle » de la didactique de l'écrit. On peut envisager des procédures diverses pour mettre en œuvre cette stratégie dont le principe est l'utilisation en classe de reformulations de textes d'apprenants par des locuteurs natifs (voir Cohen, 1981 ; Allwright, Woodley et Allright, 1988) et qui, tout en étant capable de s'adapter à différents contextes pédagogiques, est sans doute plus appropriée pour des apprenants de niveau avancé.

1.1. Méthode

Stade I : On part d'une tâche d'écriture commune pour laquelle on fournit aux apprenants un contenu de départ sous la forme d'une série de faits ou de propositions. Dans le cas des textes analysés dans la troisième partie (1.4.), il s'agissait de deux listes caractérisant la ville imaginaire de Leyford en 1960 et en 1984 :

Leyford en 1960	Leyford en 1984
• pas d'hôtels	• cinq hôtels
• train diesel pour Londres	• ligne Leyford-Londres électrifiée
• petite bibliothèque	• bibliothèque rénovée et agrandie
• 2 cinémas	• 5 cinémas, 1 théâtre
• Leyford-Londres par route : 2 h 1/2	• autoroute Leyford-Londres : 1h
• hôpital le plus proche : 20 km	• hôpital local
• 5 usines	• usines toutes fermées
• rivière polluée	• rivière nettoyée
• pas de jardins publics	• 3 jardins publics
• etc.	• etc.

À partir de ces listes, les étudiants avaient pour tâche de rédiger une description du développement urbain de Leyford au cours des quarante dernières années. Le fait d'imposer un contenu est bien sûr restrictif, mais présente l'avantage d'aider les apprenants à se concentrer sur la construction d'un texte cohérent. De plus, c'est un avantage certain dans les situations où des étudiants de spécialités diverses suivent ensemble un cours d'écrit : ils seront plus prêts à effectuer une tâche qui ne nécessite pas de recherches de contenu, et la matière commune rend possible le travail de groupe au stade IV. Ces éléments de départ sont soumis au groupe dans le désordre, et le premier travail est de se mettre d'accord sur une organisation optimale en fonction à la fois du contenu et du public visé.

Stade II : Chaque apprenant rédige individuellement son texte à partir du contenu organisé.

Stade III : Une des copies est alors soumise à un locuteur natif qui, cherchant de la façon la plus coopérative possible à comprendre ce que l'apprenant a voulu dire, réexprime ce « vouloir dire », là où il l'estime nécessaire, d'une façon qui lui paraît plus naturelle. Cela peut entraîner des changements de tout ordre, mais toujours dans le but de faire apparaître plus clairement les intentions supposées du scripteur, et non pas de leur substituer celles du reformulateur.

Stade IV : Le texte original et sa reformulation sont ensuite reproduits (de préférence sous forme dactylographiée, de façon à préserver l'anonymat des scripteurs) et distribués à tous les membres du groupe au cours suivant. Les apprenants cherchent alors, en groupe, à repérer les changements apportés par le reformulateur, à en interpréter les motivations et à en analyser les effets probables. Cette analyse comparative des deux textes est la partie la plus importante de la stratégie. C'est l'occasion pour le groupe dans son ensemble, et pas seulement pour l'apprenant dont la copie a été reformulée, de réfléchir sur ce qui est mis en œuvre dans la production d'un texte, et sur l'impact de choix spécifiques de formulation dans l'interprétation par le lecteur.

Stade V : Les apprenants sont invités à rédiger une deuxième version de leur texte à la lumière de la discussion du stade IV, version qui sera ensuite corrigée et qui marquera la fin de l'exercice.

Il faut bien voir que le texte reformulé ne constitue absolument pas un texte modèle mais le point de départ d'une discussion. C'est cette discussion qui devra empêcher que les

« messages » implicites de la reformulation ne fassent l'objet de généralisations abusives dans l'esprit des apprenants. Ainsi le fait que la reformulation découpe une phrase longue en deux ou trois phrases courtes n'implique pas que les phrases courtes sont nécessairement meilleures. Les « leçons » que les apprenants vont retirer de l'exercice doivent émaner de la discussion plutôt que de la comparaison initiale entre le texte original et sa reformulation.

1.2. Évaluation

J'ai pris part, avec des enseignants et des chercheurs qui l'exploitaient depuis quelques années, à une étude visant à évaluer cette stratégie d'enseignement (Allwright, Woodley et Allwright, 1988). Outre les deux versions des textes d'apprenants et la reformulation des premières versions, nous avions à notre disposition pour chaque tâche une version L1 rédigée par un locuteur natif (qui n'avait pas vu les copies des étudiants) et les résultats d'un classement de tous les textes, selon leur qualité globale, par des enseignants spécialistes de l'écrit qui ignoraient les objectifs de l'expérience. L'évaluation de la stratégie se fondait sur des mesures syntaxiques concernant la mise en relief dans le texte – mise à l'avant/arrière-plan, sélection thématique – et sur des mesures ayant trait à la structure d'information (voir 2e partie, chapitre 2).

L'évolution des copies d'apprenants de leur première à leur seconde version permet d'être assez optimiste, les changements opérés tendant à les rapprocher des textes « natifs », selon les mesures utilisées, plutôt que des textes reformulés. Je rappelle que les textes « natifs » étaient inconnus des apprenants, et que ce dont il est question peut donc être considéré comme un mouvement vers les normes cibles, un véritable apprentissage. Puisqu'il n'y a pas eu enseignement systématique dans les domaines concernés par les mesures, cet apprentissage semble provenir en grande partie de la discussion de groupe. Selon les enseignants, celle-ci portait fréquemment sur des questions concernant l'ordre des éléments dans la phrase et la nature des reprises anaphoriques, c'est-à-dire des questions ayant trait à « l'emballage de l'information », ainsi que sur des problèmes de découpage syntaxique et de subordination, autrement dit de hiérarchisation des propositions.

Ce qui est précieux dans cette stratégie, c'est que ces questions sont abordées dans le contexte de l'interaction entre texte et lecteur. La reformulation s'efforçant de refléter le « vouloir dire » du scripteur initial tel que l'a compris le reformulateur, les transformations apportées sont naturellement considérées en termes des intentions de communication du scripteur et des façons les plus efficaces et les plus appropriées de les faire comprendre au lecteur. Cela amène les apprenants à réfléchir concrètement sur leur texte en tant qu'ensemble d'indications qui doivent donner au lecteur accès à leur « vouloir dire », et non seulement comme la formulation de ce « vouloir dire ».

La reformulation ainsi comprise permet donc, comme l'a montré l'exemple développé dans la troisième partie (1. 4.), un travail fin sur des aspects de l'écrit se situant à l'interface entre grammaire de la phrase et mise en texte, et ce sans investissement théorique ou métalinguistique lourd. En outre elle encourage la prise en compte du lecteur dans ce travail de réflexion, envisageant l'écrit dans sa dimension pragmatique.

2

Thèmes et variations

À partir de deux petits articles de presse, je vais proposer des manipulations et des variations qui ont pour objectif de faire apparaître des points d'impact privilégiés dans certains choix de mise en texte – motivés, on l'a vu, par des facteurs pragmatiques – sur la surface textuelle. Je ne chercherai pas à présenter des exercices complets, qui ne peuvent être élaborés qu'en fonction de besoins et de niveaux bien définis, mais des directions que les enseignants pourront adapter à leur situation pédagogique. Le premier texte est riche de traits syntaxiques liés à la structure d'information et à la structure thématique ; le second sera soumis à des réécritures en fonction de choix de paramètres typologiques.

2.1. Gammes et mises en texte

Le texte de départ a été sélectionné pour son abondance de circonstanciels, éléments mobiles dont le positionnement est intimement lié à des choix de mise en texte. Il comporte également un passif, qui correspond aussi à un choix de structuration thématique. On va chercher à éclairer le fonctionnement textuel de ces éléments avec un minimum d'outillage métalinguistique, rien qu'en observant ce qui se passe si on déplace les éléments mobiles, ou si on transforme le passif en actif.

Le texte de départ

Au début de juillet 1992, les routiers français ont lancé un mouvement de protestation contre le tout nouveau « permis à points », lequel donne à tout conducteur un capital de six points qui lui seront retirés en cas d'infraction grave. Le journal *le Monde* rappelle la genèse de la nouvelle législation.

Pour préparer les « gammes », j'ai indiqué dans le texte les éléments qui en constituent l'objet :
– le passif (en italique) ;
– les circonstanciels (en gras).

PARTISANS DE DOUZE POINTS AU LIEU DE SIX

LA DROITE ET LES COMMUNISTES S'ÉTAIENT ABSTENUS
LORS DU VOTE SUR LE NOUVEAU PERMIS EN JUILLET 1989

Promulguée le 10 juillet 1989, la loi relative au nouveau permis à points *avait été adoptée par le Parlement* **au cours de la session de printemps de cette même année. À l'Assemblée nationale comme au Sénat**, le débat s'était centré sur le nombre de points affectés au nouveau permis. **En première lecture, à l'Assemblée nationale, le 11 mai**, les députés s'en étaient tenus au nombre de six. Les sénateurs avaient ensuite porté ce nombre à douze, **le 15 juin**, considérant qu'il se rapprochait davantage des dispositifs déjà existants.

En seconde lecture, à l'Assemblée nationale, le 27 juin, une coalition allant de la droite au parti communiste avait maintenu ce chiffre de douze, obligeant le gouvernement à recourir à la procédure du vote bloqué pour le ramener définitivement à six.

La loi devait initialement entrer en vigueur **le 1er janvier 1992**. Cette application avait cependant été différée de six mois, à la demande du ministère de l'Intérieur, **afin de permettre la mise en place des fichiers prévus pour ce nouveau dispositif.**

(D'après *le Monde*, 7/7/92)

Les gammes

• **L'amorce du texte**

Laissant de côté l'apposition initiale, remarquons que la première phrase du texte contient un passif et un circonstanciel de temps postposé. On peut commencer par manipuler ces formes et faire expliciter en quoi les nouvelles amorces annonceraient un autre texte :

Ex. 1 a : **Le Parlement avait adopté** la loi relative au nouveau permis à points, promulguée le 10 juillet 1989, au cours de la session de printemps de cette même année.

Ex. 2 a : **Au cours de la session de printemps 1989,** le Parlement avait adopté la loi relative au nouveau permis à points, promulguée le 10 juillet de cette même année.

Si on transforme le passif en actif (ex. 1), on attend peut-être un article sur la responsabilité du Parlement dans l'affaire. Si on place le circonstanciel à l'initiale (ex. 2), c'est un article sur la chronologie des événements ayant conduit à l'action des camionneurs auquel on s'attend, alors que l'original paraît centré sur un aspect de l'historique de la loi.

On peut ensuite envisager les changements possibles à l'intérieur de cette première phrase pour :
– en améliorer le naturel ;
– la faire mieux correspondre à l'analyse ci-dessus.

> Ex. 1 b : **Le Parlement** *adopte* la loi relative au nouveau permis à points, qui sera promulguée le 10 juillet 1989, au cours de sa session de printemps.

Il s'agit d'un récit « actif » : l'accent est mis sur la succession d'événements ou d'actions.

> Ex. 2 b : **Au cours de la session de printemps 1989, le Parlement** *adopta* la loi relative au nouveau permis à points, qui devait être promulguée le 10 juillet de cette même année.

Il s'agit d'une chronologie détachée de l'événement (histoire).

• La place et l'ordre des circonstanciels

On peut essayer de déplacer en finale le circonstanciel qui ouvre la deuxième phrase :

> Ex. 3 a : Le débat s'était centré sur le nombre de points affectés au nouveau permis **à l'Assemblée nationale comme au Sénat.**

Ce déplacement s'avère impossible sans changement de sens, le circonstanciel paraissant se rattacher à « affectés ». La situation peut « se rattraper », au niveau de la phrase, par une précision :

> Ex. 3 b : Le débat s'était centré sur le nombre de points affectés au nouveau permis, *et ce* **à l'Assemblée nationale comme au Sénat.**

Mais la perte du focus sur « le nombre de points » risque de rendre l'anaphorique « six » dans la phrase suivante plus difficile à interpréter.

Le texte est structuré par le parallélisme « *En première lecture/En seconde lecture* » et l'ordre des circonstanciels les uns par rapport aux autres : lecture, lieu, date. Que se passe-t-il lorsqu'on change cet ordre, en plaçant un ou plusieurs de ces circonstanciels en fin de phrase ? Le premier circonstanciel annonce la chronologie des *lectures*, le second l'opposition *Assemblée/Sénat*. La date est en quelque sorte mise au second plan thématique par son positionnement. Comparer avec l'original la réécriture suivante :

> Ex. 4 : **Le 11 mai, en première lecture, à l'Assemblée nationale,** les députés s'en étaient tenus au nombre de six. **Le 15 juin,** les sénateurs avaient ensuite porté ce nombre à douze, considérant qu'il se rapprochait davantage des dispositifs déjà existants. **Le 27 juin, en seconde lecture, à l'Assemblée nationale,** une coalition allant de la droite au parti communiste avait maintenu ce chiffre de douze, obligeant le gouvernement à recourir à la procédure du vote bloqué pour le ramener définitivement à six.

La réécriture dans l'exemple 4 donne la priorité à la chronologie des événements sur l'historique législatif : dans l'original, ce sont les stades du processus législatif qui structurent le récit. La généralisation de cette restructuration serait en tout état de cause problématique :

> Ex. 5 : **Le 1er janvier 1992,** la loi devait initialement entrer en vigueur.

L'exemple 5 est difficilement interprétable puisque le positionnement de la date conduit à y voir la suite du récit chronologique, alors que l'adverbe « *initialement* » – et peut-être, mais de manière ambiguë, l'imparfait « *devait* » – signale l'irréel.

• **La place de la subordonnée de but**

> Ex. 6 : **Afin de permettre la mise en place des fichiers prévus pour ce nouveau dispositif,** cette application avait cependant été différée de six mois, à la demande du ministère de l'Intérieur.

Si la subordonnée de but est mise à l'initiale, la répartition des éléments *connus* et *nouveaux* est contrariée, la proposition ne fonctionne plus comme l'explication du retard de l'application de la loi, mais comme un objectif présenté comme prévisible par le lecteur.

Le choix d'un article du *Monde* ne doit pas faire penser que ce type de travail ne peut se concevoir qu'avec des apprenants natifs ou avancés : en prenant comme point de départ un texte plus simple, il me paraît tout à fait possible de procéder assez tôt à cette sensibilisation aux conséquences interphrastiques de l'agencement des éléments dans la phrase, surtout si l'on a affaire à des grands adolescents ou à des adultes qui ont une certaine « maturité textuelle » en L1.

2.2. Exercices de style

Exercices de style, variations sur un thème, rédaction de variantes à partir d'un même contenu – ce que R. Queneau pratiquait avec tant de virtuosité – sont des techniques bien connues des enseignants. On va les reprendre ici de façon systématique et proposer à des apprenants natifs ou avancés un travail de réflexion sur la classification des textes en fonction de caractéristiques linguistiques, et sur les marques de mise en texte associées à divers types de textes.

Le texte de départ

Il s'agit d'une liste de conseils – formulés à l'impératif – sur la façon de se présenter au mieux lors d'une entrevue d'embauche.

**Douze conseils pour mettre
toutes les chances de votre côté**

• Respectez l'heure du rendez-vous et munissez-vous d'un curriculum vitae détaillé.

• Ne soyez ni méfiant ni en état d'infériorité face au consultant.

• Ayez une poignée de main ferme et entrez franchement dans son bureau.

• Votre tenue vestimentaire comme votre coiffure ont de l'importance. Évitez l'excentricité comme le trop grand classicisme.

• Restez décontracté pendant toute la durée de l'entretien.

• Dialoguez d'égal à égal, yeux dans les yeux. Ne passez pas votre temps à regarder le plafond ou vos chaussures. Ne vous exprimez pas trop avec vos mains.

• Parlez clairement, avec franchise, humour, sans vous prévaloir de qualités ou compétences que vous ne possédez pas.

• Décrivez simplement vos fonctions actuelles sans critiquer de manière systématique votre employeur ou vos collègues.

• Exposez vos ambitions, votre plan de carrière.

• Réclamez des informations précises sur le poste.

• N'ayez pas honte d'aborder les questions financières.

• Et si votre candidature n'est pas retenue, n'accablez pas le « chasseur de têtes » ou l'entreprise qui lui a confié cette mission. Inutile d'envoyer des lettres de menaces ou d'injures à l'un ou à l'autre, elles finiront au panier.

(D'après *l'Express*, 1989, dans Szilagyi, 1991)

Les réécritures

À partir d'un texte comme celui-ci, on peut susciter des réécritures qui seront autant de variations de types de textes et qui constitueront une réflexion active sur les caractéristiques des textes et leur classification. Pour encourager cette réflexion, on peut prendre comme point de départ la manipulation d'une variable linguistique – par exemple mettre les verbes à la troisième personne du singulier – pour réfléchir ensuite aux autres changements que ce choix initial entraînera. On peut également partir de « genres » préétablis – par exemple transformer ce texte en récit dans une lettre à un ami – et effectuer l'analyse des variables linguistiques concernées par la transformation. L'une ou l'autre approche devrait permettre de faire émerger des faisceaux de traits linguistiques qui entretiennent des relations privilégiées. Quelques itinéraires sont esquissés ci-après.

■ Variables linguistiques

Les variables linguistiques les plus aptes à transformer le texte sont bien sûr les variables énonciatives, et en particulier la catégorie de la *personne*. Que peut-on faire de ce texte si on choisit la troisième personne du singulier ? Ce choix entraîne sans doute une optique « récit ». Ce récit sera-t-il au passé simple ou au passé composé ? Essayons.

> Ex. 1 : **Il respecta** l'heure du rendez-vous et se munit d'un curriculum vitae détaillé. **Il ne fut** ni méfiant ni en état d'infériorité face au consultant.

Dans un premier temps cela peut ressembler à un exercice de grammaire habituel tel que « *Conjuguez au passé simple les verbes à l'infinitif dans le texte suivant* ». Mais notre objectif est bien différent. On va se demander, une fois le premier choix effectué, quels sont ceux qui en découlent pour que le texte soit satisfaisant. Ainsi, l'option « récit au passé simple » va sans doute entraîner vers la fin du texte l'ajout d'indications temporelles en position de *thème* :

> Ex. 2 : **D'abord/Pour commencer/Dans un premier temps,** il décrivit simplement ses fonctions actuelles sans critiquer de manière systématique son employeur ou ses collègues. **Ensuite,** il exposa ses ambitions, son plan de carrière. **Enfin/pour finir/finalement,** il réclama des informations précises sur le poste sans avoir honte d'aborder les questions financières.

Par ailleurs, « *il ne fut (ni méfiant ni en état d'infériorité)* » dans la deuxième phrase du récit serait sans doute avantageusement remplacé par « il ne se montra », ou bien par « il ne se sentit ». Deux perspectives différentes – objective ou subjective – dont le choix peut se répercuter à d'autres endroits du texte.

Ex. 3 a : **Il ne se montra** ni méfiant ni en état d'infériorité face au consultant.

Ex. 3 b : **Il ne se sentit** ni méfiant ni en état d'infériorité face au consultant.

Si l'on choisit un récit subjectif, on se demandera si l'imparfait est plus approprié et ce que ce changement entraîne à son tour :

Ex. 3 c : **Il ne se sentait** ni méfiant ni en état d'infériorité face au consultant.

Ces décisions vont entraîner des hypothèses sur les situations où l'on pourrait rencontrer le nouveau texte, et peu à peu tout un travail se fait sur les interrelations entre les traits linguistiques qui sont à la base des typologies. Un dialogue peut également s'engager si la classe est divisée en groupes qui, soit d'emblée soit au fur et à mesure de l'élaboration du texte transformé, choisissent des chemins différents. Ainsi, le choix de la première personne du singulier pour un récit entraînera le passé composé et pourra ressembler à une lettre à un ami, dans laquelle on pourra s'attendre à l'ajout de formes emphatiques et évaluatives :

Ex. 4 : J'ai respecté l'heure du rendez-vous **à la minute près** et me suis muni d'un curriculum vitae **hyperdétaillé.**

Des changements lexicaux peuvent aussi être suggérés, sur lesquels je ne m'attarderai pas puisque je n'ai pas traité ici du lexique. Plus proches des préoccupations de cet ouvrage, voyons maintenant les choix de transformations syntaxiques et la signalisation des relations entre parties du texte.

Ex. 5 a : Il lui serra la main avec fermeté **et** il entra franchement dans son bureau.

Ex. 5 b : **Après** une poignée de main ferme, il entra franchement dans son bureau.

Ex. 5 c : Il lui serra la main avec fermeté **tout en** entrant franchement dans son bureau.

Choix de mise en relief – deux propositions égales ou une sélection d'avant-plan et d'arrière-plan – qui peuvent d'une part orienter la suite du récit, d'autre part être plus ou moins appropriés en fonction d'autres caractéristiques du texte en cours de construction.

Si, au lieu d'une lettre du candidat à un ami, on avait une lettre d'un des membres de la commission au candidat, visant à faire une sorte de *post-mortem* sur sa prestation, on verrait sans doute apparaître de nombreux modaux de nécessité et des connecteurs argumentatifs :

> Ex. 6 : **Vous auriez dû** commencer par respecter l'heure du rendez-vous et par vous munir d'un curriculum vitae détaillé. **Il n'aurait pas fallu** vous montrer méfiant ni en état d'infériorité face au consultant. **Vous auriez dû au contraire** lui serrer la main avec fermeté et entrer franchement dans son bureau. **Par ailleurs, vous devez** accepter que votre tenue vestimentaire comme votre coiffure ont de l'importance et qu'il faut éviter l'excentricité comme le trop grand classicisme.

Je propose ci-dessous une ébauche de liste de variables linguistiques associées de façon privilégiée avec différents types de textes :
– Marques de temps et d'aspect :
  1. passé simple
  2. passé composé
  3. présent
– Circonstanciels de lieu et de temps
– Personne du discours
– Complexité syntaxique
– Modification du nom (syntagmes adjectivaux et prépositionnels)
– Modaux
  1. possibilité
  2. nécessité
– Verbes spécialisés
  1. verbes « publics » (dire, affirmer, déclarer)
  2. verbes « privés » (penser, savoir, supposer)

Ces différents éléments sont plus ou moins utilisables comme point de départ de transformation selon le texte choisi. Ils tendent par ailleurs à s'associer en faisceaux, comme on l'a vu avec le choix de la première personne qui entraîne un récit au passé composé (ou au présent) plutôt qu'au passé simple. On va approfondir cette idée en explorant la deuxième technique de réécriture, celle qui prend comme point de départ un « genre » textuel.

■ **« Genres » textuels et interaction des variables**

La notion de « genre » fait référence à une catégorisation fondée non sur des critères formels mais sur des critères externes au texte, liés à la situation de communication, au sujet et aux objectifs du scripteur. L'identification des critères internes – traits linguistiques permettant une classification en « types » – étant précisément l'objet du travail en cours, on peut partir d'une typologie externe familière, telle celle utilisée par Biber (1988) [2] :

1. Reportages de presse
2. Éditoriaux
3. Critiques de presse
4. Religion
5. Techniques et loisirs
6. Récits populaires
7. Biographies
8. Documents officiels
9. Écrits scientifiques
10. Romans (non spécialisés)
11. Romans policiers
12. Science-fiction
13. Romans d'aventure
14. Romans sentimentaux
15. Humour
16. Lettres personnelles
17. Lettres professionnelles

Le récit au passé simple s'inscrirait sans doute dans un des genres de fiction ; le récit à la première personne et au passé composé avait d'emblée été conçu comme faisant partie d'une lettre personnelle, par exemple pour faire à un ami le récit d'une entrevue subie la veille ; on pourrait également – avec une pointe d'humour – faire de notre texte de départ un texte scientifique, en prenant la plume d'un ethnographe décrivant un rite initiatique :

> Ex. 7 : Le jeune aspirant respecte toujours l'heure du rendez-vous et se présente muni d'un curriculum vitae détaillé. Il ne doit se montrer ni méfiant ni en état d'infériorité face au consultant. Avec une poignée de main ferme, il entre franchement dans le bureau. Conscient de l'importance de sa tenue vestimentaire et de sa coiffure, il a évité l'excentricité comme le trop grand classicisme…

On fera remarquer que l'écrit de type universitaire privilégie les liens entre les idées, réalisés par une syntaxe complexe et nécessitant une hiérarchisation des propositions, ce qui implique, on l'a vu, un regard global sur le texte.

---

2. La classification de Biber est issue de celle du « LOB Corpus », un corpus de textes publiés en anglais britannique comprenant 500 échantillons d'environ 2 000 mots chacun répartis en 15 « genres » (voir Johansson, 1978).

Si on a réalisé avec les apprenants plusieurs réécritures, c'est le moment de tenter un bilan, qui peut prendre la forme d'une matrice avec des traits linguistiques sur un axe, et des traits situationnels ou des caractéristiques des genres sur l'autre. Pour les ébauches de réécriture proposées jusqu'ici, on pourrait aboutir à la matrice correspondant au tableau ci-dessous.

Poursuivi sur un plus grand nombre d'expériences, ce travail de mise en relation des traits linguistiques va, en reprenant de façon informelle les travaux empiriques de Biber (1988), faire émerger des faisceaux correspondant à des types de communication – les *dimensions* auxquelles j'ai fait référence dans la deuxième partie (4.2.1). Ici, tous les textes partagent la dimension « intention narrative », manifestée partout par la présence d'indications temporelles ; en revanche, cette intention narrative s'accompagne ou non d'une visée ouvertement persuasive (plus ou moins modaux) ; par ailleurs, elle s'inscrit dans une production impliquée (« je », passé composé, moins grande complexité syntaxique) ou non (« il », passé simple, plus grande complexité syntaxique).

	Personne			Temps			Modaux (nécessité)	Indications temps	Complexité syntaxe
	je	il	vous	prés.	p.s.	p.c.			
récit fiction		+			+		–	+	+
lettre 1	+					+	–	+	–
lettre 2			+				+	+	±
récit ethno		+		+			–	+	+

(lettre 1 = lettre du candidat à un ami)
(lettre 2 = lettre d'un membre de la commission au candidat)

3

Des outils informatiques en didactique de l'écrit

Dans ce dernier chapitre, je vais présenter et évaluer quelques outils informatiques utilisables en pédagogie de l'écrit. Il ne s'agit pas d'un recensement exhaustif : il sort quotidiennement de nouveaux logiciels qui peuvent intéresser enseignants, apprenants et linguistes. J'ai plutôt essayé de classer les grands types d'outils qui me paraissent s'intégrer dans le type d'approche proposé. Il en existe sans doute d'autres dont je n'ai pas perçu l'intérêt ; car outre les logiciels conçus selon les objectifs des didacticiens de l'écrit, il existe un certain nombre d'outils pouvant donner lieu à une exploitation – voire même un détournement – didactique.

3.1. EAO à l'écrit

3.1.1. Manipuler et reconstruire des textes

Les enseignants intéressés par une approche « textuelle » de la pédagogie de l'écrit voudront dans la plupart des cas partir de textes « naturels »[3] qu'ils désirent sélectionner et remplacer à leur gré. Cela implique l'utilisation de logiciels auteurs plutôt que de didacticiels fermés. Parmi les logiciels auteurs permettant à l'enseignant d'entrer des textes que les apprenants seront amenés à manipuler de diverses façons, on peut citer bien sûr divers avatars du classique texte à trous, qui permet par exemple un travail sur les tout aussi classiques connecteurs[4]. Pour un travail sur la cohésion et la

---

3. Je veux désigner par là les textes « circulants » qui ont un contexte et une raison d'être hors de la situation didactique.

4. Voir en fin de chapitre la liste de quelques logiciels disponibles dans les librairies, les magasins spécialisés ou les centres pédagogiques, classés en rubriques correspondant aux activités décrites dans le texte.

cohérence, il existe des logiciels plus appropriés, ceux qui présentent à l'apprenant des éléments dans le désordre. Si l'élément de base est le mot et que l'on demande des phrases, l'exercice est sans doute surtout approprié à un travail sur la syntaxe. Dès qu'on passe aux syntagmes à réordonner, on peut envisager un travail plus proprement textuel : comment la position de syntagmes prépositionnels temporels par exemple – initiale ou finale – influence les attentes du lecteur et manifeste la structuration du texte. On en a vu plusieurs exemples dans la troisième et la quatrième partie (1.4. et 2.1. respectivement).

On peut également proposer à l'apprenant de reconstruire des phrases à partir de propositions, des paragraphes à partir de phrases, et des textes à partir de paragraphes, dans le cadre d'un travail sur la structure rhétorique. Il est possible de provoquer la réflexion en introduisant des éléments parasites dont l'intégration est peu probable ou nécessiterait des opérations – et une signalisation – particulières. On peut aussi imaginer des phrases, des paragraphes ou des textes en « kit », c'est-à-dire un matériau textuel – propositions et indications des relations entre ces propositions – à assembler. Le travail gagne beaucoup en intérêt si on accepte, le cas échéant, plusieurs réponses et si on explique ce qui les différencie, ou comment la réponse sélectionnée oriente la suite du texte. Les limites de l'exercice sont celles du logiciel utilisé, et, quel que soit celui-ci, celles de l'écran, qui restreint la quantité de texte visualisable en une fois. Mais l'aspect interactif du travail sur ordinateur le rend bien supérieur à l'exercice de reconstitution de textes à partir de petits papiers [5].

3.1.2. Conceptualiser les fondements de la cohérence

Les exercices de reconstruction ci-dessus sont en eux-mêmes inductifs, bien qu'ils puissent très bien s'intégrer dans un travail déductif sur la structure des textes. D'autres logiciels d'enseignement sont conçus pour permettre une stratégie franchement déductive. Il s'agit pour le moment de produits encore expérimentaux et dont le développement reste coûteux. Le logiciel STAR par exemple (Cerniglia, Medsker et Connor, 1990) est conçu par ses auteurs comme un support

---

5. Il faut signaler qu'aucun des logiciels disponibles actuellement ne possède toutes les fonctionnalités nécessaires. Je travaille actuellement à l'élaboration d'un logiciel approprié : MÉLI-MÉLO.

que l'apprenant peut utiliser à son propre rythme pour consolider son assimilation d'un enseignement sur le texte dans le cadre de l'apprentissage de l'écrit en anglais L2.

Ce didacticiel a pour but l'enseignement – hautement illustré et interactif – des concepts nécessaires à la connaissance d'un modèle de la structure thématique (qui pour les auteurs sous-tend la cohérence textuelle) et propose également de nombreux exercices d'analyse de cette structure. Les utilisateurs apprendraient ainsi à identifier les thèmes phrastiques, à construire un schéma de cohérence et à évaluer la cohérence d'un texte. Sans remettre en cause l'intérêt de didacticiels ainsi conçus, leur utilisation me semble hors de portée pour la majorité des enseignants actuellement. Le coût de développement d'un didacticiel de bon niveau est considérable : pour STAR, il est estimé à soixante-dix heures de travail en équipe pluridisciplinaire – trois chercheurs et un programmeur – pour une séance de vingt minutes. Le produit fini est techniquement assez difficile à transformer ; il véhicule par ailleurs de très forts présupposés théoriques – dans le cas de STAR, une vision pragoise de la structure thématique et une conception de la cohérence entièrement axée sur les progressions thématiques –, qui peuvent limiter sa capacité à être adapté par d'autres enseignants à d'autres contextes.

3.1.3. Systèmes tuteurs intelligents

L'intelligence de ces systèmes, qui en sont encore au stade expérimental en ce qui concerne l'enseignement de l'écrit, c'est de s'adapter à chaque apprenant. L'EAO « classique » est interactif et peut, par des jeux d'embranchements dans des structures arborescentes, laisser une certaine marge à l'apprenant et lui proposer un choix d'itinéraires selon les réponses déjà données. En cela il ne fait que proposer une version informatique des « *quizz* » qui suggèrent aux lecteurs ayant choisi la réponse R à la question X de passer à la question Z. L'adaptabilité d'un tuteur intelligent est d'un tout autre ordre. Au moyen des techniques de l'intelligence artificielle, le système se construit un modèle de l'apprenant au fur et à mesure que celui-ci saisit du texte. Ce modèle est constamment mis à jour, mais il peut également être conçu de manière à « se souvenir » du profil d'un apprenant d'une séance d'utilisation à l'autre.

Les premiers systèmes tuteurs intelligents ont été mis au point dans des domaines où l'on peut établir une cartographie nette des connaissances à acquérir, ce qui permet la comparaison des connaissances formulées par l'étudiant avec cette représentation idéale (Kobsa et Wahlster, 1988). Il en existe également pour l'enseignement des langages informatiques : tâche complexe mais sans ambiguïté. On imagine combien il est difficile de créer un système capable de guider un apprenant dans la production de textes ouverts, c'est-à-dire non prévus à l'avance. Cela implique non seulement une très bonne capacité d'analyse syntaxique, y compris l'analyse de phrases mal construites, mais également la capacité de juger si le texte en cours de production s'annonce bien construit. Les travaux entrepris dans ce sens actuellement visent à explorer le potentiel des systèmes tuteurs intelligents, ainsi que le bien-fondé de modèles des structures syntaxique et textuelle, plutôt qu'à remplacer ou même simplement aider les enseignants. On peut envisager à long terme des systèmes s'attachant particulièrement à guider l'apprenant dans la structuration thématique et rhétorique du texte en cours d'écriture (voir par exemple Bowerman 1993).

Les remarques concernant le coût des systèmes présentés dans la section précédente s'appliquent *a fortiori* aux tuteurs intelligents. J'en ai fait mention non pas parce qu'ils font partie de la panoplie d'outils disponibles mais parce que leur élaboration représente un lieu où se combinent de façon nécessaire et intéressante recherche linguistique et expérimentation didactique. Je vais dans ce qui suit revenir à des outils moins ambitieux qui, bien qu'ils n'aient pas été conçus pour cet usage, peuvent être exploités pour un enseignement de l'écrit tenant compte de ce que l'on comprend de la cohérence : il s'agit d'outils d'aide à l'écriture et d'outils d'analyse des textes.

3.2. Faciliter le processus rédactionnel

Reconnaissons tout d'abord l'apport du traitement de texte qui permet de transformer et de transporter des parties de textes « pour voir », de comparer plusieurs versions au cours de la rédaction, de réviser un texte pour tenir compte des réactions des lecteurs (pairs ou enseignants). En le libérant en partie de la tyrannie de la linéarité, un bon traitement de texte représente pour l'apprenti-rédacteur un instrument précieux de découverte et d'exploration de ses propres processus rédactionnels.

Il existe par ailleurs des logiciels plus spécialisés issus des travaux sur le processus rédactionnel visant à faciliter les différents stades (cycliques plutôt que successifs) de ce processus : recherches d'idées, élaboration et révision du plan, rédaction et révision. Ils sont en général présentés comme « aides à la rédaction » et doivent être distingués des générateurs de textes. Ces derniers, qui ont souvent comme fondement les travaux sur la structure du conte, guident l'apprenant dans la rédaction d'un récit correspondant à une structure préétablie, alors que les aides à la rédaction lui proposent un outil neutre, permettant seulement la visualisation et la manipulation des différents stades de la pré-rédaction, de la rédaction et de la révision.

3.3. Analyser les textes : l'apprenant comme linguiste

Je vais présenter ici deux types d'outils informatiques pour l'analyse des textes, qui ne sont ni l'un ni l'autre conçus pour la didactique de l'écrit mais qui se prêtent à une exploitation dans ce domaine. Les premiers s'adressent aux auteurs, les seconds aux linguistes.

3.3.1. Analyseurs de style

Il existe depuis les années 1980 pour l'anglais un certain nombre de logiciels appelés « *style checkers* » s'adressant aux rédacteurs – de textes techniques principalement – désireux de vérifier la lisibilité de leur prose. Des logiciels aux objectifs similaires apparaissent depuis peu en France ; ils sont cependant plus ambitieux et plus coûteux que les pionniers américains comme PC Style [6], qui, bien qu'éminemment critiquable sur de nombreux points, me semble convenir à l'utilisation un peu détournée que je vais en proposer.

---

6. Disponible en « Shareware », c'est-à-dire gratuitement ou à petit prix (voir listes disponibles dans les centres spécialisés).

PC Style ne fait que compter. Il compte le nombre de syllabes par mots, le nombre de mots par phrase, le nombre de mots de plus de N syllabes par phrase, le nombre de phrases de plus de N mots dans le texte, le nombre d'utilisations du verbe « être », le nombre de mots appartenant à diverses catégories (modaux, pronoms personnels), etc. Il établit des moyennes qui sont comparées à des paramètres « canoniques » tirés de formules de lisibilité assez anciennes (Flesch, 1949) et fournit à l'utilisateur des statistiques représentant son texte ainsi qu'une évaluation globale de son degré de lisibilité. Les paramètres peuvent être ajustés de façon grossière mais extrêmement aisée : on peut choisir de s'autoriser davantage de mots longs ou de phrases longues que la « norme » en fonction par exemple du public visé.

La notion de lisibilité qui sert de fondement à ce logiciel est tout à fait discutable : plus un texte contient de mots longs, de phrases longues et de passifs (raison d'être du décompte de verbes « être »), moins il est lisible. Utilisé à bon escient, il peut cependant encourager l'apprenant à regarder les textes, les siens et les autres, d'un œil plus attentif. Il donne à l'apprenant un moyen de tirer à tout moment un portrait instantané d'un texte en cours de rédaction, de comparer des textes ou des versions de textes en cours de manipulation. Les statistiques sur la longueur des phrases peuvent amener une réflexion sur les fonctions textuelles de la complexité syntaxique ; on simplifie la syntaxe, les phrases deviennent plus courtes : quels sont les effets sur la cohérence (continuité thématique, hiérarchisation et signalisation rhétorique) ? On remplace les passifs par des constructions actives, l'indice de lisibilité augmente : quel est l'effet sur la continuité thématique ? En associant ces statistiques syntaxiques à celles concernant les mots-outils, dont l'utilisateur établit la liste, on peut ainsi mettre en route une réflexion typologique : forte densité de pronoms personnels (discours impliqué, discours en situation), forte densité de modaux (persuasion ?)… Cette dernière utilisation est limitée dans le cas de PC Style par les fonctionnalités du logiciel et peut être approfondie davantage par l'utilisation de logiciels d'analyse destinés aux linguistes, qui font l'objet de la prochaine section.

3.3.2. Concordanceurs

Ce sont pour la plupart des logiciels conçus pour des professionnels de l'analyse de textes, qu'il s'agisse d'analyse littéraire ou d'analyse linguistique. Il en existe cependant des versions plus légères pour des applications pédagogiques. Un concordanceur est un programme qui recherche une chaîne de caractères (morphème, mot, groupe de mots) dans des textes et en imprime toutes les occurrences avec les contextes [7] dans lesquels ils apparaissent. Des utilisations du concordanceur visant à encourager l'apprenant – se faisant linguiste – à aborder inductivement un travail sur la syntaxe ou le lexique sont formulées de façon claire et convaincante par Johns, qui a mis au point son propre programme à des fins pédagogiques (Johns, 1988). Il propose entre autres de soumettre aux apprenants des listes de concordances pour travailler certaines constructions à partir de repérages du mot-outil les introduisant ou pour réfléchir aux co-occurences de certaines expressions dans un type de texte donné.

On peut concevoir d'étendre ces utilisations au texte en poursuivant les lignes de réflexion esquissées plus haut pour les analyseurs de style. Selon l'équipement informatique disponible et la nature de la tâche, on peut choisir de présenter aux apprenants des concordances préparées à l'avance – et, le cas échéant, triées – ou leur demander de procéder eux-mêmes à la recherche. Quelques idées d'exploitation de concordances sont ébauchées ci-dessous :
– examen de la fréquence et des contextes des pronoms représentant les participants du discours. Les trouve-t-on en proposition principale ou subordonnée (rôle thématique) ? S'accompagnent-ils de verbes métadiscursifs (« *je tiens à rappeler que…* »), de modaux (« *nous pourrions imaginer que…* ») ?
– travail sur le fonctionnement des connecteurs : repérer « mais », « cependant », « pourtant », et comparer leur utilisation – texte d'origine, position dans la phrase, fonction argumentative. Comparer les utilisations de « mais » dans ses propres productions et dans des textes « professionnels ».
– comparer l'emploi de « c'est » au plan de la fréquence et au plan de la fonction dans des discours en situation et dans des textes écrits « distanciés » ; examiner son fonctionnement dans les phrases clivées et la fonction textuelle de ces constructions.

On voudrait pouvoir étendre l'utilisation d'un tel outil par exemple au repérage des passifs, qui s'inscrirait très bien

---

7. Les systèmes varient quant à leurs fonctionnalités mais proposent généralement les choix suivants :
– contextes droit et gauche limités, par exemple 45 caractères de part et d'autre de la chaîne choisie ;
– phrase ou paragraphe où se trouve la chaîne choisie.

dans une réflexion sur la structure thématique. Un tel repérage à l'aide d'un simple concordanceur ne pourrait se faire que d'une façon assez grossière par l'extraction des formes du verbe « être », ce qui produirait beaucoup de formes non pertinentes, ou des occurences de ces formes suivies de « par », ce qui limiterait le repérage aux passifs avec agent exprimé. Ce travail nécessiterait un outil permettant de définir avec plus de souplesse les catégories à repérer. C'est ce que permettent de faire divers outils de catégorisation de textes déjà utilisés par les chercheurs, et que les enseignants pourraient transformer en outils très puissants.

Je termine donc ce rapide tour d'horizon d'une gamme d'outils informatiques par un appel à l'esprit d'aventure : c'est aux didacticiens d'explorer les outils disponibles en gardant bien en vue leurs propres objectifs, quitte à « détourner » l'outil de son objectif d'origine.

Liste indicative de logiciels [8] :

- Textes à trous :
  À demi mot (Christopher Jones, Eurocentres)
  Les apprenticiels (Hatier)
  Luckentext (W. Mackiewicz et C. Meunier, Christian Meunier-Verlag)

- Textes dans le désordre :
  ELMO (Association française pour la lecture)
  MÉLI-MÉLO (UMIST, bientôt disponible)

- Faciliter la rédaction :
  Aide à la rédaction (Vendôme Formation)
  Thinksheet (Fisher-Mariott, Software)

- Concordanceurs :
  Frameteach (J. Rézeau, CRDP de Nantes)
  Lexis (D. Valentin et P. Knerr, CNDP – ULE)
  TACT (shareware, distribué par The Center for Computing in the Humanities, université de Toronto)
  Lecticiel (Credif)

---

8. Consulter le répertoire analytique compilé par M. Garrigues pour le CIEP (1989) pour des renseignements supplémentaires sur ces logiciels – y compris dans certains cas une description technique assez fouillée et une évaluation pédagogique.

ÉPILOGUE

Si cet ouvrage laisse beaucoup de questions sans réponses, c'est que son objectif est d'encourager et d'orienter des recherches sur l'écrit. Cette orientation se fait par l'ouverture d'un certain nombre de « fenêtres » – sur des démarches théoriques, des méthodologies – qui, tout en donnant dans la même direction, ne cachent pas la diversité des regards. On s'efforce d'y esquisser une description d'un territoire mal connu ; c'est le territoire, me semble-t-il, vers lequel Charolles dirigeait les regards des didacticiens en 1978 lorsqu'il analysait l'inadéquation des corrections dans les marges des écrits d'apprenants – corrections pour la plupart ponctuelles – face aux problèmes de textualisation qu'il pressentait. On a ici donné priorité aux nombreux travaux « de terrain » – issus souvent de la tradition empirique anglo-saxonne – qui constituent des expérimentations méthodologiques dans cette recherche d'une meilleure compréhension des écrits en situation d'apprentissage.

Une double interrogation a en effet motivé cet ouvrage et accompagné son cheminement. La première est explicite : il s'agit de la relation entre forme linguistique et fonction discursive, abordée ici à travers les moyens linguistiques employés d'une part pour désigner ce dont on parle, et d'autre part pour relier entre eux les moments du texte. Ce sont donc les traces de la mise en texte que l'on recherche, traces qui représentent des signaux pour le lecteur, et dont le bon fonctionnement détermine en partie la lisibilité du texte. La deuxième interrogation – en filigrane cette fois – est d'ordre méthodologique ; elle pourrait se résumer par : « Les études empiriques : pourquoi et comment ? » Au moment où les travaux sur corpus retrouvent une place centrale en linguistique, grâce surtout aux moyens informatiques qui permettent aussi bien le recueil de corpus importants que des analyses diversifiées de ces corpus, il s'agit de faire valoir et d'enrichir le savoir-faire des chercheurs et des praticiens de la didactique de l'écrit, qui font de l'analyse de corpus au quotidien.

BIBLIOGRAPHIE

•**Adam, J.-M.** (1987) : « Types de séquences textuelles élémentaires », *Pratiques*, 56, 54-79.

•**Adam, J.-M.** (1990) : *Éléments de linguistique textuelle – théorie et pratique de linguistique textuelle*, Mardaga, Liège, Paris.

•**Adam, J.-M.** (1991) : « Cadre théorique d'une typologie séquentielle », *Études de linguistique appliquée*, 83, 7-18.

•**Adam, J.-M. et Revaz, F.** (1989) : « Aspects de la structuration du texte descriptif : les marqueurs d'énumération et de reformulation », *Langue française*, 81, 59-98.

•**Allwright, R. L., Woodley, M.-P. et Allwright, J. M.** (1988) : « Investigating reformulation as a practical strategy for the teaching of academic writing », *Applied Linguistics*, 9, 236-256.

•**Anderson, E.** (1978) : « An analysis of textual cohesion in a passage from Maria Gripe's *Hugo och Josefin* », dans J. O. Östman, *Cohesion and Semantics*, 131-144, Research Institute of the Åbo Akademi Foundation, Åbo, Finlande.

•**Angelis, P. J.** (1975) : « Sentence combining, error analysis and the teaching of writing », dans M. K. Burt et H. Dulay, *New Directions in Second Language Learning, Teaching, and Bilingual Education*, On TESOL'75, TESOL, Washington.

•**Arditty, J. et Lambert, M.** (1990) : « Rhétorique argumentative et pratique de l'écrit », dans D. Gaonac'h (1990).

•**Atlani, F.** (1984) : « ON l'illusioniste », dans A. Grésillon et J. L. Lebrave, *la Langue au ras du texte*, 13-30, Presses Universitaires de Lille.

•**Austin, J. L.** (1962) : *How to do Things with Words*, Oxford University Press, Oxford.

•**Azevedo, M. M.** (1980) : « The interlanguage of advanced learners : an error analysis of graduate students' Spanish », *International Review of Applied Linguistics*, 18.

•**Bamberg, B.** (1984) : « Assessing coherence : a reanalysis of essays written for the National Assessment of Educational Progress 1969-1979 », *Research in the Teaching of English*, 18, 305-19.

•**Bardovi-Harlig, K. et Bofman, T.** (1989) : « Attainment of syntactic and morphological accuracy by advanced language learners », *Studies in Second Language Acquisition*, 11 (1), 17-34.

•**Bear, J. M.** (1983) : « Topic units in planned written discourse », *Working Papers, Department of English as a Second Language, University of Hawaii, Manoa*, 2 (1), 53-80.

•**Beaugrande, R. de et Dressler, W.** (1981) : *Introduction to Text Linguistics*, Longman, Londres et New York.

•**Beekman, J. et Callow, J.** (1974) : *Translating the Word of God*, Zondervan Publishing House, Grand Rapids, MI.

•**Bell, R. T.** (1974) : « Error analysis : a recent pseudoprocedure in applied linguistics », *ITL Review of Applied Linguistics*, 25-26, 35-49.

•**Benveniste, E.** (1966) : *Problèmes de linguistique générale*, Gallimard, Paris.

•**Bhatia, A. T.** (1974) : « An error analysis of students' composition », *International Review of Applied Linguistics*, 1 (12).

•**Biber, D.** (1988) : *Variation across Speech and Writing*, Cambridge University Press, Cambridge.

•**Biber, D.** (1989) : « A typology of English texts », *Linguistics*, 27, 3-43.

•**Blum-Kulka, S.** (1982): « Learning to say what you mean in a foreign language : a study of the speech act performance of learners of Hebrew as a second language », *Applied Linguistics*, 3, 29-50.

•**Bouchard, D.** (1991): « Repères pour un classement sémiologique des événements communicatifs », *Études de linguistique appliquée*, 83, 29-61.

•**Bowerman, C.** (1993): *Intelligent Computer-Aided Language Learning. LICE : a System to Support Undergraduates Writing in German*, PhD thesis, University of Manchester, Institute of Science and Technology.

•**Brée, D. S.** et **Smit, R. A.** (1986): « Linking Propositions », *COLING-86*.

•**Brodkey, D.** et **Young, R.** (1981): « Composition correctness scores », *TESOL Quarterly*, 15, 159-67.

•**Bronckart, J.-P.** (1985): *le Fonctionnement des discours*, Delachaux et Niestlé, Neuchâtel.

•**Brown, G.** (1989): « Making sense : the interaction of linguistic expression and contextual information », *Applied Linguistics*, 10 (1), 97-108.

•**Bruce, B., Rubin, A,** et **Starr, K.** (1981): « Why readability formulas fail », *Reading Education Report*, 28, University of Illinois Center for the Study of Reading, Urbana.

•**Burt, M. K.** (1975): « Error analysis in the adult EFL classroom », *TESOL Quarterly*, 9, 53-63.

•**Buteau, M. F.** (1970): « Students' errors and the learning of French as a second language : a pilot study », *International Review of Applied Linguistics*, 8, 133-145.

•**Cerniglia, C., Medsker, K.** et **Connor, U.** (1990): « Improving coherence by using computer-assisted instruction », dans U. Connor et A. M. Johns, *Coherence in Writing*, VI, TESOL, Alexandria.

•**Chafe, W. L.** (1976): « Givenness, contrastiveness, definiteness, subjects, topics and point of view », dans C. N. Li, *Subject and Topic*, Academic Press, New York.

•**Charolles, M.** (1976): « Grammaires de textes – Théorie du Discours – Narrativité », *Pratiques*, 11-12.

•**Charolles, M.** (1978): « Introduction aux problèmes de la cohérence des textes », *Langue française*, 38, 7-41.

•**Charolles, M.** (1982): *Études sur la cohérence et l'interprétation des discours*, université de Besançon.

•**Charolles, M.** (1983): « Coherence as a principle in the interpretation of discourse », *Text*, 3, 71-97.

•**Charolles, M.** (1988a): « Les plans d'organisation textuelle : périodes, chaînes, portées et séquences », *Pratiques*, 57, 3-14.

•**Charolles, M.** (1988b): « Les études sur la cohérence, la cohésion et la connexité textuelles depuis la fin des années 1960 », *Modèles linguistiques*, 10 (2), 45-66.

•**Chiss, J.-L.** et **Filliolet, J.** (1987): « La typologie des discours », *Langue française*, 74.

•**Cicurel, F.** et **Moirand, S.** (1990): « Apprendre à comprendre l'écrit : hypothèses didactiques », dans D. Gaonac'h (1990).

•**Clark, H. H.** et **Haviland, S. E.** (1977): « Comprehension and the given-new contract », dans R. O. Freedle, *Discourse Production and Comprehension*, Ablex, Norwood, New Jersey.

•**Clarke, M. A.** (1979): « Reading in Spanish and English : evidence from adult ESL students », *Language Learning*, 29, 121-150.

•**Clyne, M.** (1980): « Culture, discourse structure and communicative competence », 50th Congress, Australian and New Zealand Association for the Advancement of Science, Adelaide.

•**Clyne, M.** (1981): « Culture and discourse structure », *Journal of Pragmatics*, 5, 61-66.

•**Cohen, A. D.** (1981): *Writing Like a Native : From Reconstruction to Reformulation*, School of Education, Hebrew University, Jérusalem.

• **Cohen, R.** (1984) : « A computational theory of the function of clue words in argument understanding », *COLING-84*.

• **Combettes, B.** (1977) : « Ordre des éléments de la phrase et linguistique du texte », *Pratiques*, 13, 91-101.

• **Combettes, B.** (1978) : « Thématisation et progression thématique dans les récits d'enfants », *Langue française*, 38, 74-89.

• **Combettes, B.** (1988) : *Pour une grammaire textuelle. La progression thématique*, De Boeck-Duculot, Bruxelles, Paris.

• **Combs, W. E.** (1976) : « Further effects of sentence-combining practice on writing ability », *Research in the Teaching of English*, 10, 137-49.

• **Combs, W. E.** (1977) : « Sentence-combining practice : Do gains in judgment of writing "quality" persist ? », *Journal of Educational Research*, 70, 318-21.

• **Connor, U.** (1987a) : « Research frontiers in writing analysis », *TESOL Quarterly*, 21 (4), 677-696.

• **Connor, U.** (1987b) : « Argumentative patterns in student essays : cross-cultural differences », dans U. Connor et R.B. Kaplan, *Writing across languages : analysis of L2 text*, 57-72, Addison Wesley, Reading, MA.

• **Connor, U.** et **Lauer, J.** (1985) : « Understanding persuasive essay writing : linguistic/rhetorical approach », *Text*, 5 (4), 309-26.

• **Connor, U.** et **McCagg, P.** (1983) : « Cross-cultural differences and perceived quality in written paraphrases of English expository prose », *Applied Linguistics*, 4 (3), 259-68.

• **Coombs, V.** (1986) : « Syntax and communicative strategies in intermediate German composition », *Modern Language Journal*, 70 (2), 114-24.

• **Cooper, C. R.** (1977) : « Holistic evaluation of writing », dans C. R. Cooper, et L. Odell, *Evaluating Writing : Describing, Measuring, Judging*, National Council of Teachers of English, Urbana, IL.

• **Cooper, C. R.** (1983) : « Procedures for describing written texts », dans P. Mosenthal et autres, *Research on Writing. Principles and Methods*, Longman, New York et Londres.

• **Cooper, T. C.** (1976) : « Measuring written syntactic patterns of second-language learners of German », *Journal of Educational Research*, 69 (5), 176-83.

• **Cooper, T. C.** (1977) : « A strategy for teaching writing », *Modern Language Journal*, 61, 251-56.

• **Cooper, T. C.** (1981) : « Sentence combining : an experiment in teaching writing », *Modern Language Journal*, 65.

• **Cooper, T. C.** et **Morain, G.** (1980) : « A study of sentence-combining techniques for developing written and oral fluency in French », *French Review*, 53 (3), 411-23.

• **Cooper, T. C., Morain, G.** et **Kalivoda, T.** (1980) : « Sentence combining in second language instruction », *Language in Education Series*, 31, 195-167, Center for Applied Linguistics, ERIC Clearinghouse on Languages and Linguistics, Washington.

• **Corder, S. P.** (1967) : « The significance of learners' errors », *International Review of Applied Linguistics*, 5, 161-170.

• **Corder, S. P.** (1974) : « Error Analysis », dans J. P. B. Allen et S. P. Corder, *The Edinburgh Course in Applied Linguistics*, Oxford University Press, Londres.

• **Cornish, F.** (1986) : *Anaphoric relations in English and French. A discourse perspective*, Croom Helm, Londres.

• **Cornish, F.** (1990) : « Anaphore pragmatique, référence et modèles du discours », dans G. Kleider et J. E. Tyvaert, *l'Anaphore et ses domaines*, Klincksieck, Paris.

• **Couture, B.** (1985) : « A systematic analysis of writing quality », dans J. D. Benson et W. S. Greaves, *Systematic Perspectives on Discourse 2 : Selected Applied Papers from the 9th International Systematic Workshop*, 67-87, Ablex, Norwood, N. J.

•**Crowhurst, M.** (1980): «Syntactic complexity and teachers' quality ratings of narrations and arguments», *Research in the Teaching of English, 14, 223-31.*

•**Crowhurst, M.** (1987): «Cohesion in argument and narration at 3 grade levels», *Research in the Teaching of English*, 21, 185-201.

•**Crowhurst, M.** et **Piché, G. L.** (1979): «Audience and mode of discourse effects on syntactic complexity in writing at two grade levels», *Research in the Teaching of English*, 13, 101-109.

•**Cumming, A.** (1989): «Writing expertise and second-language proficiency», *Language Learning*, 39 (1), 81-141.

•**Da Rocha, F. J.** (1975): «On the reliability of error analysis», *ITL Review of Applied Linguistics*, 29, 53-61.

•**Dale, E.** et **Chall, J.** (1948): «A formula for predicting readability», *Educational Research Bulletin*, 27, 37-54.

•**Daneš, F.** (1974): «Functional sentence perspective and the organization of text: different types of thematic progression», dans F. Daneš, *Papers on Functional Sentence Perspective*, Mouton, La Haye.

•**Daniel, M.-P. Nicaud, L.** et autres (1992): «Apport du style linguistique à la modélisation cognitive d'un élève», dans C. Frasson et autres, *Intelligent Tutoring Systems, Lecture Notes in Computer Science*, 608, 252-259, Springer Verlag, Berlin.

•**Davison, A.** (1984): «Syntactic markedness and the definition of sentence topic», *Language*, 60 (4), 797-846.

•**Davison, A.** et autres (1980): «Limitations of readability formulas in guiding adaptations of texts», *Technical Report*, 162, University of Illinois Center for the Study of Reading, Urbana, Ill.

•**Dehghanpisheh, E.** (1978): «Language development in Farsi and English: Implications for the second-language learner», *International Review of Applied Linguistics*, 16 (1), 45-61.

•**Dijk, T. A. van** (1980): *Macrostructures*, Erlbaum, Hillsdale, N.J.

•**Dijk, T. A. van** (1981): *Studies in the Pragmatics of Discourse*, Mouton, La Haye, Paris, New York.

•**Dijk, T. A. van** (1983): «Discourse analysis: its development and application to the structure of news», *Journal of Communication*, 33, 20-43.

•**Dommergues, J.-Y.** et **Lane, H.** (1978): «On two independent sources of error in learning the syntax of a second language», *Language Learning*, 26.

•**Doushaq, M. H.** (1986): «An investigation into stylistic errors of Arab students learning English for academic purposes», *English for Specific Purposes*, 5 (1), 27-39.

•**Durst, R. K.** (1987): «Cognitive and linguistic demands of analytic writing», *Research in the Teaching of English*, 21 (4), 347-376.

•**Edelsky, C.** (1982): «Writing in a bilingual program: the relation of L1 and L2 texts», *TESOL Quarterly*, 16, 211-28.

•**Enkvist, N. E.** (1984): Contrastive linguistics and text linguistics, dans J. Fisiak, *Contrastive linguistics: Prospects and Problems*, 119-142, Mouton, Berlin, New York, Amsterdam.

•**Enkvist, N. E.** (1985a): «Coherence, composition and text linguistics» dans N. E. Enkvist, *Coherence and Composition: A Symposium*, 11-26, Publications of the Research Institute of the Åbo Akademi Foundation, Åbo, Finlande.

•**Enkvist, N. E.** (1985b): «A parametric view of word order», dans E. Sözer, *Text Connexity, Text Coherence*, 320-336, Helmut Buske, Hambourg.

•**Enkvist, N. E.** (1987): «Text linguistics for the applier: an orientation», dans U. Connor et R. B. Kaplan, *Writing across languages: analysis of L2 text*, Addison Wesley, Reading, MA.

•**Espéret, E.** (1990): «Apprendre à produire du langage: constructions des représentations et processus cognitifs », dans D. Gaonac'h, *Acquisition et utilisation d'une langue étrangère*, Hachette, Paris.

•**Evensen, L. S.** (1985) : « Discourse-level interlanguage studies », dans N. E. Enkvist, *Coherence and Composition* : *A Symposium*, Publications of the Research Institute of the Åbo Akademi Foundation, Åbo, Finlande.

•**Faerch, C.** et **Kaspar, G.** (1984) : « Gambits in German and Danish : a discourse CA », dans J. Fisiak, *Contrastive Linguistics : Prospects and Problems*, 69-105, Mouton, Berlin, New York, Amsterdam.

•**Fagan, W. T.** et **Hayden, H. M.** (1988) : « Writing processes in French and English of fifth grade French immersion students », *Canadian Modern Language Review*, 44 (4), 653-658.

•**Faigley, L.** (1979) : « Another book at sentences », *Freshman English News*, 7 (3), 18-21.

•**Faigley, L.** (1980) : « Names in search of a concept : maturity, fluency, complexity and growth in written syntax », *College Composition and Communication*, 31 (3), 291-300.

•**Fillmore, C. J.** (1984) : « Remarks on contrastive pragmatics », dans J. Fisiak, *Contrastive Linguistics : Prospects and Problems*, 119-42, Mouton, Berlin, New York, Amsterdam.

•**Firbas, J.** (1959) : « Thoughts on the communicative function of the verb in English, German and Czech », *Brno Studies in English*, 1, 39-63.

•**Firbas, J.** (1966) : « Non-thematic subjects in contemporary English », *Travaux Linguistiques de Prague*, 2, 239-256.

•**Firbas, J.** (1972) : « On the interplay of prosodic and non-prosodic means of functional sentence perspective, dans U. Fried, *The Prague School of Linguistics and Language Teaching*, 77-84, Oxford University Press, Londres.

•**Firbas, J.** (1986) : « Thoughts on functional sentence perspective, intonation and emotiveness », *Brno Studies in English*, 16, 11-48.

•**Fitzgerald, J.** et **Spiegel, D. L.** (1986) : « Textual cohesion and coherence in children's writing », *Research in the Teaching of English*, 20 (3), 263-80.

•**Flahive, D.** et **Snow, B. G.** (1980) : « Measures of syntactic complexity in evaluating ESL compositions », dans J. W. J. Oller et K. Perkins, *Research in language testing*, Newbury House, Rowley, MA.

•**Flesch, R.** (1949) : *The Art of Readable Writing*, Harper et Row, New York.

•**Freedman, A.** et **Pringle, I.** (1980) : *Reinventing the Rhetorical Tradition*, National Council of Teachers of English, Urbana, IL.

•**Freedman, A.** et **Pringle, I.** (1980) : « Writing in the college years : some indices of growth », *College Composition and Communication*, 31 (3).

•**Freedman, A.** et **Pringle, I.** (1984) : « Why students can't write arguments », *English in Education*, 18 (2), 72-84.

•**Gaonac'h, D.** (1990) : « Les stratégies attentionnelles dans l'utilisation d'une langue étrangère », dans D. Gaonac'h, *Acquisition et utilisation d'une langue étrangère*, Hachette, Paris.

•**Garrigue, M.** (1988) : *Logiciels éducatifs de français*, CIEF, Sèvres.

•**Gayoux, V.** (1989) : « Planning and control processes in a computer-controlled production task of narratives », dans P. Boscolo, *Writing : trends in European research*, UPSEL Editore, Padoue.

•**Giacobbe, J.** (1990) : « Le recours à la langue première : une approche cognitive », dans D. Gaonac'h (1990).

•**Giora, R.** (1983) : « Segmentation and segment cohesion : on the thematic organization of the text », *Text*, 3 (2), 155-181.

•**Givón, T.** (1979) : *On Understanding Grammar*, Academic Press, New York, San Francisco, Londres.

•**Givón, T.** (1983): « Topic continuity in discourse: an introduction », dans T. Givón, *Topic Continuity in Discourse*, John Benjamins, Amsterdam, Philadelphie.

•**Glatt, B. S.** (1982): « Defining thematic progressions and their relationship to reader comprehension », dans M. Nystrand, *What Writers Know*, Academic Press, New York.

•**Golden, J., Haslett, B. et Gauntt, H.** (1988): « Structure and content in 8th graders' summary essays », *Discourse Processes*, 11, 139-162.

•**Grabe, W.** (1984): « Written discourse analysis », *Annual Review of Applied Linguistics*, 5, 101-123.

•**Grabe, W.** (1987): « Contrastive rhetoric and text-type research », dans U. Connor et R. B. Kaplan, *Writing across Languages: Analysis of L2 Text*, Addison-Wesley, Reading, MA.

•**Grauberg, W.** (1971): « Error analysis in German of first year university students », dans G. E. Perren et J. L. M. Trim, *Applications of Linguistics*, Cambridge University Press, Cambridge.

•**Green, P. S. et Hecht, K.** (1985): « Native and non-native evaluation of learners' errors in written discourse », *System*, 13 (2), 77-97.

•**Grice, H. P.** (1975): « Logic and conversation », dans P. Cole et J. L. Morgan, *Syntax and Semantics*, 44-58, Academic Press, New York.

•**Grimes, J. E.** (1975): *The Thread of Discourse*, Mouton, La Haye.

•**Grobe, C.** (1981): « Syntactic maturity, mechanics, and vocabulary as predictors of quality ratings », *Research in the Teaching of English*, 15, 75-85.

•**Haden, R.** (1987): « Discourse Error Analysis », dans J. Monaghan, *Grammar in the Construction of Texts*, 134-146, Frances Pinter, Londres.

•**Hake, R. L. et Williams, J. M.** (1979): « Sentence expanding: not can, or how, but when », dans D. Daiker et autres, *Sentence Combining and the Teaching of Writing*, University of Akron, University of Central Arkansas, Conway, Arkansas.

•**Halliday, M. A. K.** (1967a): « Notes on transitivity and theme in English. Part 1 », *Journal of Linguistics*, 3 (1), 37-81.

•**Halliday, M. A. K.** (1967b): « Notes on transitivity and theme in English. Part 2 », *Journal of Linguistics*, 3 (2), 199-244.

•**Halliday, M. A. K.** (1968): « Notes on transitivity and theme in English. Part 3 », *Journal of Linguistics*, 4 (2), 179-215.

•**Halliday, M. A. K.** (1978): *Language as Social Semiotic*, Edward Arnold, Londres.

•**Halliday, M. A. K. et Hasan, R.** (1989): *Language, Context and Text: Aspects of Language in a Social-Semiotic Perspective*, Oxford University Press, Oxford.

•**Hammarberg, B.** (1974): « The insufficiency of error analysis », *International Review of Applied Linguistics*, (12), 185-192.

•**Harder, B. D.** (1984): « Cultural attitudes in discourse analysis », *The Canadian Journal of Linguistics*, 29 (2), 115-30.

•**Hartnett, C. G.** (1986): « Static and dynamic cohesion: signals of thinking in writing », dans B. Couture, *Functional Approaches to Writing. Research Perspectives*, Frances Pinter, Londres.

•**Hasan, R.** (1984): « Coherence and cohesive harmony », dans J. Flood, *Understanding Reading Comprehension*, International Reading Association, Delaware.

•**Haswell, R. H.** (1988): « Length of text and the measurement of cohesion », *Research in the Teaching of English*, 22 (4), 428-433.

•**Hatim, B.** (1987): « A text linguistic model for the analysis of discourse errors: contributions from Arabic linguistics », dans J. Monaghan, *Grammar in the Construction of Texts*, 102-113, Frances Pinter, Londres.

•**Hatim, B. et Mason, I.** (1990): *Discourse and the Translator*, Longman, New York.

•**Hillocks, G., Jr.** (1986): *Research on Written Composition.*

New Directions for Teaching, NCRE, Urbana, ILL.

•**Hinds, J.** (1983) : « Contrastive rhetoric : Japanese and English » *Text*, 3, 183-196

•**Hoey, M.** (1983) : *On the Surface of Discourse*, Allen & Unwin, Londres.

•**Homburg, T. J.** (1984) : « Holistic evaluation of ESL compositions : Can it be validated objectively ? », *TESOL Quarterly*, 18, 87-107.

•**House, J.** (1980) : « Gambits in deutschen und englischen Alltagsdialogen », dans W. Kühlwein et A. Raasch, *Sprache und Verstehen*, 101-107, Gunter Narr, Tübingen.

•**House, J.** (1984) : « Some methodological problems and perspectives in contrastive discourse analysis », *Applied Linguistics*, 5, 245-54.

•**House, J.** (1985) : « Contrastive discourse analysis and universals in language usage », *Papers and Studies in Contrastive Linguistics*, 20, 5-14.

•**House, J.** et **Blum-Kulka, S.** (1986) : *Interlingual and Intercultural Communication*, Gunten Narr, Tübingen.

•**House, J.** et **Kasper, G.** (1981) : « Politeness markers in English and German », dans F. Coulmas, *Conversational Routine*, 157-85, Mouton, La Haye.

•**Hovy, E.** (1988) : « Planning coherent multisentential text », dans *Proceedings of the Annual Meeting of the Association for Computational Linguistics* (ACL88).

•**Hovy, E** (1990) : « Unresolved issues in paragraph planning », dans R. Dale et autres, *Current Research in Natural Language Generation*, Academic Press, New York.

•**Hult, C. A.** (1986) : « Global marking of rhetorical frame in text and reader evaluation », dans B. Couture, *Functional Approaches to Writing. Research Perspectives*, Frances Pinter, Londres.

•**Hunt, K. W.** (1965) : *Grammatical Structures Written at Three Grade Levels*. NCTE Research Report N° 3, NCTE, Champaign, Ill.

•**Hunt, K. W.** (1970a) : *Syntactic Maturity in Schoolchildren and Adults*, University of Chicago Press, Chicago, Ill.

•**Hunt, K. W.** (1970b) : « Do sentences in the second language grow like those in the first ? », *TESOL Quarterly*, 4 (3), 195-202.

•**Inghilleri, M.** (1989) : « Learning to mean as a symbolic and social process : the story of ESL writers », *Discourse Processes*, 12 (3), 391-411.

•**Jacobs, S. E.** (1981) : « Rhetorical information as predication », *TESOL Quarterly*, 15, 237-49.

•**Jakobovits, L. A.** (1969) : « Second language learning and transfer theory : a theoretical assessment », *Language Learning*, 19 (55-86).

•**Jakobson, R.** (1960) : « Closing statements : linguistics and poetics », dans T. A. Sebeok, *Style in Language*, New York.

•**James, C.** (1980) : *Contrastive Analysis*, Longman, Londres.

•**Janicki, K.** (1985) : « On the tenability of the notion "pragmatic equivalence" in contrastive analysis », *Papers and Studies in Contrastive Linguistics*, 20, 19-25.

•**Jeanjean, C.** (1981) : « L'organisation des formes sujets en français de conversation », *Recherches sur le français parlé*, 3, 99-134.

•**Johns, T.** (1988) : « Whence and whither classroom concordancing », dans T. Bongaerts, *Computer Applications in Language Learning*, Foris, Dordrecht.

•**Johnson-Laird, P. N.** (1988) : *The Computer and the Mind : An Introduction to Cognitive Science*, Harvard University Press, Cambridge, MA.

•**Jones, S.** et **Tetoe, J.** (1984) : « Composing in a second language », dans A. Matsuhashi, *Writing in Real Time : Modelling Production Processes*, New York, Longman.

•**Kameen, P. T.** (1978) : « A mechanical, meaningful and communicative framework for ESL sentence combining exercises », *TESOL Quarterly*, 12, 395-401.

•**Kameen, P. T.** (1983) : « Syntactic skill and ESL writing quality », dans A. Freedman, I. Pringle et J. Yalden, *Learning to Write : First Language/Second Language*, Longman, New York.

•**Kaplan, R. B.** (1966) : « Cultural thought patterns in intercultural education », *Language Learning*, 16, 1-20.

•**Kaplan, R. B.** (1983) : « Contrastive rhetorics : some implications for the writing process », dans A. Freedman et autres, *Learning to Write : First Language/Second Language*, Longman, New York.

•**Katchen, J. E.** (1982) : « A structural comparison of American English and Farsi expository writing », *Papers in Linguistics*, 15 (3), 165-80.

•**Kieras, D. E.** (1978) : « Good and bad structure in simple paragraphs : effects on apparent theme, reading time, and recall », *Journal of Verbal Learning and Verbal Behavior*, 17, 13-27.

•**Kieras, D. E.** et **Just, M.** (1984) : *New Methods in Reading Comprehension*, Lawrence Erlbaum, Hillsdale, N. J.

•**Kobsa, A.** et **Wahlster, W.** (1988) : « Preface », *Computational Linguistics*, 14 (3), 1-4.

•**Krzeszowski, T. P.** (1984) : « Tertium comparationis », dans J. Fisiak, *Contrastive Linguistics : Prospects and Problems*, 301-312, Mouton, Berlin, New York, Amsterdam.

•**Labov, W.** (1972) : *Sociolinguistic patterns*, University of Pennsylvania Press, Philadelphia.

•**Labov, W.** (1982) : « Speech actions and reactions in personal narrative », dans D. Tannen, *Georgetown Roundtable on Languages and Linguistics*, 219-247, Georgetown University Press, Washington, D. C.

•**Lado, R.** (1957) : *Linguistics across Cultures*, University of Michigan Press, Ann Arbor, MI.

•**Lakoff, R.** (1984) : « The pragmatics of subordination », 10th Annual Meeting of the Berkeley Linguistics Society, Berkeley Linguistics Society, Berkeley, CA.

•**Lambrecht, K.** (1981) : *Topic, Antitopic and Verb-Agreement in Non-Standard French*, John Benjamins, Amsterdam.

•**Lambrecht, K.** (1987) : « On the status of SVO sentences in French discourse », dans R. S. Tomlin, *Coherence and Grounding in Discourse*, John Benjamins, Amsterdam, Philadelphia.

•**Lantolf, J. P.** (1988) : « The syntactic complexity of written texts in Spanish as a foreign language : a markedness perspective », *Hispania*, 71 (4), 933-940.

•**Larsen-Freeman, D.** et **Strom, V. S.** (1977) : « The construction of a second-language acquisition index of development », *Language Learning*, 27,123-34.

•**Lautamatti, L.** (1978a) : « Observations on the development of the topic in simplified discourse », dans V. Kohonen et N. R. Enkvist, *Text Linguistics, Cognitive Learning and Language Teaching*, Publications de l'association finlandaise de linguistique appliquée, Turku, Finlande.

•**Lautamatti, L.** (1978b) : « Some observations on cohesion and coherence in simplified texts », dans J. O. Östman, *Cohesion and Semantics*, 165-181, Research Institute of Åbo Akademi Foundation, Åbo, Finlande.

•**Lautamatti, L.** (1987) : « Observations on the development of the topic of simplified discourse », dans U. Connor et R. B. Kaplan, *Writing across Languages : Analysis of L2 Text*, 87-114, Addison-Wesley, Reading, MA.

•**Lindeberg, A.-C.** (1985) : « Cohesion, coherence patterns, and EFL essay evaluation », dans N. E. Enkvist, *Coherence and Composition : A Symposium*, Publications of the Research Institute of the Åbo Akademi Foundation, Åbo, Finlande.

•**Linnarud, M.** (1977) : « Some aspects of style in the source and the target language », *Papers and Studies in Contrastive Linguistics*, 7.

•**Lintermann-Rygh, L.** (1985) : « Connector density – an indicator of essay quality ? » *Text*, 5 (4), 347-358.

•**Longacre, R. E.** (1976) : *An Anatomy of Speech Notions*, The Peter de Ridder Press, Lisse.

•**Mann, W. C.** et **Thompson, S. A.** (1986) : « Relational propositions in discourse », *Discourse Processes*, 9 (1), 57-90.

•**Mann, W. C.** et **Thompson, S. A.** (1988a) : « Rhetorical structure theory : a theory of text organization », dans L. Polanyi, *The Structure of Discourse*, Ablex, Norwood, N. J.

•**Mann, W. C.** et **Thompson, S. A.** (1988b) : « Rhetorical structure theory : toward a functional theory of text organization », *Text*, 8 (3), 243-281.

•**Matalene, C.** (1985) : « Contrastive rhetoric : an American writing teacher in China », *College English*, 47 (8), 789-808.

•**Matthiessen, C.** et **Thompson, S. A.** (1988) : « The structure of discourse and "subordination" », dans J. Haiman et S. A. Thompson, *Clause Combining in Grammar and Discourse*, John Benjamins, Amsterdam.

•**McCann, T. M.** (1989) : « Student argumentative writing knowledge and ability at three grade levels », *Research in the Teaching of English*, 23 (1), 62-76.

•**McKeown, K.** (1985) : *Text Generation*, Cambridge University Press, Cambridge.

•**McLure, E.** et **Geva, E.** (1983) : « The development of the cohesive use of adversative conjunctions in discourse », *Discourse Processes*, 6 (4), 411-432.

•**Mellon, J. C.** (1969) : *Transformational sentence-combining : a method for enhancing the development of syntactic fluency in English composition*, NCTE Research Report N° 10, Champaign, Ill.

•**Mellon, J. C.** et **Kinneavy, J.** (1979) : « Issues in the theory and practice of sentence combining : a twenty year perspective », dans D. Daiker et autres, *Sentence Combining and the Teaching of Writing*, University of Akron, University of Central Arkansas, Conway, Arkansas.

•**Meyer, B. J. F.** (1975) : *The Organisation of Prose and its Effects on Memory*, Amsterdam.

•**Meyer, B. J. F.** (1985) : « Prose analysis : purposes, procedures, and problems (part II) », dans B. K. Britton et J. B. Black, *Understanding expository text*, 269-297, Erlbaum, Hillsdale, N. J.

•**Michaels, S.** (1987) : « Text and context : a new approach to the study of classroom writing », *Discourse Processes*, 10 (4), 321-346.

•**Miller, S.** (1979) : « Rhetorical Maturity : Definition and Development », *Carleton Conference on Learning to Write (CCTE)*, Carleton, Canada.

•**Mohan, B.** et **Au-Yeung Lo, W.** (1985) : « Academic writing and Chinese students : Transfer and developmental factors », *TESOL Quarterly*, 19 (515-34).

•**Moirand, S.** (1990) : *Une grammaire des textes et des dialogues*, Hachette, Paris.

•**Monroe, J. H.** (1975) : « Measuring and enhancing syntactic maturity in French », *French Review*, 6, 1023-31.

•**Morenberg, M., Daiker, D.** et **Kerek, A.** (1978) : « Sentence combining at the college level : an experimental study », *Research in the Teaching of English*, 12, 245-56.

•**Morgan, J.** et **Sellner, M.** (1980) : « Discourse and Linguistic Theory », dans Spiro, Bruce et Brewer, *Theoretical Issues in the Study of Reading*, Erlbaum, Hillsdale, N. J.

•**Morier, H.** (1981) : *Dictionnaire de poétique et de rhétorique*, PUF, Paris.

•**Morrissey, M. D.** (1979) : « A rule-based description of noun-phrase errors (part 1) », *Modern Sprachen*, 23, 7-28.

•**Morrissey, M. D.** (1980) : « A rule-based description of noun-phrase errors (part 2) », *Modern Sprachen*, 24, 1-16.

•**Morrissey, M. D.** (1981): « Learners' errors and linguistic description », *Lingua*, 54, 277-294.

•**Naerssen, M. M. van** (1980): « How similar are Spanish as a first language and Spanish as a foreign language? », dans R. Scarcella et S. D. Krashen, *Issues in Second Language Research*, Newbury House, Rowley, MA.

•**Neuner, J. L.** (1987): « Cohesive ties and chains in good and poor freshman essays », *Research in the Teaching of English*, 21 (1), 92-103.

•**Newsham, G.** (1977): *The Paragraph in French and English*, thèse, faculté des sciences et de l'éducation, université de Montréal.

•**Ney, J. W.** (1966): « Review of *Grammatical Structures Written at Three Grade Levels*, by K. W. Hunt », *Language Learning*, 16, 230-235.

•**Nicaud, L.** et **Prince, V.** (1990): « TEDDI : An ITS for definitions learning », dans *PRICAI'90*, Nagoya, Japon.

•**Nold, E. W.** et **Freedman, S. W.** (1977): « An analysis of readers' responses to essays », *Research in the Teaching of English*, 11, 164-74.

•**Nolke, H.** (1988): « Opérateurs syntaxiques et cohésion discursive », *Actes du IVᵉ Colloque international de linguistique slavoromane*, Nyt Nordisk Forlag Arnold Busck, Copenhague, Danemark.

•**Nystrand, M.** (1979): « Using readability research to investigate writing », *Research in the Teaching of English*, 13, 231-42.

•**Nystrand, M.** (1982): « An analysis of errors in written communication », dans M. Nystrand, *What Writers Know*, Academic Press, New York.

•**O'Brien, T.** (1987): « Predictive items in student writing », dans T. Bloor et J. Norrish, *Written Language*, CILT Publications, Londres.

•**O'Brien, T.** (1992): *Writing for Continuous Assessment and in Examination Conditions : a Comparison of Undergraduate Performance*, thèse, School of Education, University of Manchester.

•**Obenchain, A.** (1979): « Developing paragraph power through sentence combining », dans D. Daiker, A. Kerek et M. Morenberg, *Sentence Combining and the Teaching of Writing*, University of Akron, University of Central Arkansas, Conway, Arkansas.

•**Olesky, W.** (1984): « Towards pragmatic contrastive analysis », dans J. Fisiak, *Contrastive Linguistics : Prospects and Problems*, 349-64, Mouton, Berlin, New York, Amsterdam.

•**Onyeberechi, S. E.** (1986): « Syntactic fluency and cohesive ties in college freshmen writing », *Dissertation Abstracts International*, 47 (08A).

•**Ostler, S. E.** (1987): « English in parallels : a comparison of English and Arabic prose », dans U. Connor et R. B. Kaplan, *Writing across Languages : analysis of L2 text*, Addison Wesley, Reading, MA.

•**Pack, A. C.** et **Henrischen, L. E.** (1980): *Sentence Combination : Writing and Combining Standard English Sentences*, Newbury House, Rowley, MA.

•**Parsons, G.** (1990): *Cohesion and Coherence : Scientific Texts. A Comparative Study*, Department of English Studies, University of Nottingham.

•**Pavesi, M.** (1986): « Markedness, discoursal modes and relative clause formation in a formal and an informal context », *Studies in 2nd Language Acquisition*, 8 (1), 38-55.

•**Paviolo, E. T.** (1980): « Spanish structural density score : an index to linguistic maturity », *NABE Journal*, 5 (1), 17-26.

•**Perkins, K.** (1980): « Using objective measures of attained writing proficiency to discriminate among holistic evaluations », *TESOL Quarterly*, 14, 61-69.

•**Perron, T. D.** (1976): *The Impact of Mode on Written Syntactic Complexity : Parts I, II, III*, Studies in Language Education Reports N° 24, 25, 27, Athens : Department of Language Education, University of Georgia.

•**Péry-Woodley, M.-P.** (1989):
Textual designs: Signalling Coherence in First and Second Language Academic Writing, thèse, University of Lancaster (Notes et Documents LIMSI N° 91-1, LIMSI/CNRS).

•**Péry-Woodley, M.-P.** (1991):
« French and English passives in the construction of text », *Journal of French Language Studies*, 1 (1), 55-70.

•**Peters, P.** (1986): « Getting the theme across: a study of dominant function in the academic writing of university students », dans B. Couture, *Functional Approaches to Writing. Research Perspectives*, Frances Pinter, Londres.

•**Petitjean, A.** (1989): « Classer les textes », *Pratiques*, 62, 86-125.

•**Piolat, A., Roussey, J.-Y. et Guercin, F.** (1989): « Text revising strategies », dans P. Boscolo, *Writing: Trends in European Research*, UPSEL Editore, Padoue.

•**Prince, E. F.** (1981): « Toward a taxonomy of given-new information », 223-255, dans P. Cole, *Radical Pragmatics*, Academic Press, New York.

•**Pringle, I. et Freedman, A.** (1980): *An Analysis of the Syntactic Maturity and Writing Skills of Grade Five, Eight and Twelve Student Writers*, Carleton Board of Education, Carleton, Canada.

•**Quirk, R., Greenbaum, S., Leech, G. et Svartvik, J.** (1985): *A Comprehensive Grammar of the English Language*, Longman, Londres et New York.

•**Reed, W. M., Burton, J. K. et Vandett, N. M.** (1986): « Daly and Miller's writing apprehension test and Hunt's T-unit analyses: two measurement precautions in writing research », *Journal of Research and Development in Education*, 21 (2), 1-8.

•**Régent, O.** (1985): « A comparative approach to the learning of specialized written discourse », dans P. Riley, *Discourse and Learning*, Longman, Londres, New York.

•**Reichler-Béguelin, M.-J., Denervaud, M. et Jespersen, J.** (1988): *Écrire en français. Cohésion textuelle et apprentissage de l'expression écrite*, Delachaux et Niestlé, Neuchâtel.

•**Reichman, R.** (1984): « Extended Person-Machine Interface », *Artificial Intelligence*, 22, 157-218.

•**Reinhart, T.** (1980): « Conditions for text coherence », *Poetics Today*, 1, 161-180.

•**Riley, P.** (1981): « Towards a contrastive pragmalinguistics », dans J. Fisiak, *Contrastive Linguistics: Prospects and Problems*, Mouton, Berlin, New York, Amsterdam.

•**Rogers, M.** (1984): « On major types of written errors in advanced students of German », *International Review of Applied Linguistics*, 22, 1-39.

•**Romaine, S.** (1985): « Grammar and style in children's narratives », *Linguistics*, 23 (1), 83-104.

•**Ross, S., Rob, T. et Shortreed, I.** (1988): « First language composition pedagogy in the second language classroom: a reassessment », *RELC Journal*, 19 (1), 29-48.

•**Roulet, E.** (1991): « Une approche discursive de l'hétérogénéité discursive », *Études de Linguistique Appliquée*, 83, 118-130.

•**Rubin, D. et Piché, G.** (1979): « Development in syntactic and strategic aspects of audience adaptation skills in written persuasive communication », *Research in the Teaching of English*, 13, 293-316.

•**Rutherford, W. E.** (1984): « Description and explanation in interlanguage syntax: state of the art », *Language Learning*, 34, 127-155.

•**Sajavaara, K.** (1977): « Contrastive linguistics past and present and a communicative approach », dans K. Sajavaara et J. Lehtonen, *Contrastive Papers*, 9-31, University Press, Jyväskylä, Finlande.

•**Santos, T.** (1987): « Markedness theory and error evaluation: an experimental study », *Applied Linguistics*, 8 (3), 207-218.

•**Santos, T.** (1988): « Professors' reactions to the academic writing of non-native speaking students », *TESOL Quarterly*, 22 (1), 69-90.

•**Scarcella, R. C.** (1983): « How writers orient their readers in expository essays: a comparative study of native and non-native English writers », *TESOL Quarterly*, 18, 671-88.

•**Schachter, J.** (1974): « An error in error analysis », *Language Learning*, 24, 205-214.

•**Schachter, J.** et **Celce-Murcia, M.** (1977): « Some reservations concerning error analysis », *TESOL Quarterly*, 11, 441-45.

•**Schachter, J.** et **Rutherford, W.** (1979): « Discourse function and language transfer », *Working Papers in Bilingualism*, 19, 1-12.

•**Scinto, L. F. M.** (1982): *The Acquisition of Functional Composition Strategies for Text*, Helmut Buske Verlag, Hambourg.

•**Scott, M. S.** et **Tucker, R. G.** (1974): « Error analysis and English-language strategies of Arab students », *Language Learning*, 24, 69-97.

•**Searle, J. R.** (1971): « What is a speech act? », dans J. R. Searle, *The Philosophy of Language*, 39-53, Oxford University Press, Londres.

•**Selinker, L.** (1972): « Interlanguage », *International Review of Applied linguistics*, 10, 209-31.

•**Shopen, T.** et **Williams, J. M.** (1981): *Styles and Variables in English*, Winthrop, Cambridge, MA.

•**Sinclair, J.** et **Coulthard, M.** (1975): *Towards an Analysis of Discourse. The English Used by Teachers and Pupils*, Oxford University Press, Londres.

•**Slatka, D.** (1975): « L'ordre du texte », *Études de linguistique appliquée*, 19, 30-42.

•**Stalker, J. W.** et **Stalker, J. C.** (1988): « A comparison of pragmatic accommodation of non-native and native speakers in written English », *World Englishes*, 7 (2), 119-128.

•**Stein, D.** (1981): « On sentence connection in English and German: a contribution to contrastive text linguistics », *Folia Linguistica*, 13 3/4), 303-19.

•**Stewart, M. F.** (1978): « Freshman sentence combining: a Canadian project », *Research in the Teaching of English*, 12, 257-68.

•**Stewart, M. F.** et **Grobe, C. H.** (1979): « Syntactic maturity, mechanics of writing and teachers' quality ratings », *Research in the Teaching of English*, 13, 207-15.

•**Swales, J.** (1990): *Genre Analysis: English in Academic and Research Settings*, Cambridge University Press, Cambridge.

• **Szilagyi, E.** (1990): *Affaires à faire*, Presses universitaires, Grenoble.

•**Szwedek, A.** (1984): « Some problems of contrastive analysis and text linguistics », dans J. Fisiak, *Contrastive Linguistics: Prospects and Problems*, 119-42, Mouton, Berlin, New York, Amsterdam.

•**Tarone, E.** (1979): « Interlanguage as chameleon », *Language Learning*, 29, 181-191.

•**Taylor, G.** (1986): « Errors and explanations », *Applied Linguistics*, 7 (2), 144-166.

•**Thomas, J.** (1983): « Cross-cultural pragmatic failure », *Applied Linguistics*, 4, 91-112.

•**Thompson, S. A.** (1985): « Grammar and written discourse: initial *vs* final purpose clauses in English », *Text*, 5 (1-2), 55-84.

•**Tierney, R. J.** et **Mosenthal, J. H.** (1981): *The Cohesion Concept's Relationship to the Coherence of Text*, Technical Report N° 221, Center for the Study of Reading, University of Illinois, Champaign, Ill.

•**Tierney, R. J.** et **Mosenthal, J. H.** (1983): « Cohesion and textual Coherence », *Research in the Teaching of English*, 17, 215-30.

•**Tomlin, R.** (1985): « Foreground-background information and the syntax of subordination », *Text*, 5 (1-2), 85-122.

•**Truus, S.** (1972): *Sentence Construction in English and Swedish in the Writings of Swedish Students of English at University*

Level : A Pilot Study, Projektet sprakfärdighet i engelska, Report N°7, université de Göteborgs.

• **Vande Kopple, W. J.** (1982a) : « Functional sentence perspective, composition and reading », *College Composition and Communication*, 33, 50-63.

• **Vande Kopple, W. J.** (1982b) : « The given-new strategy of comprehension and some natural expository paragraphs », *Journal of Psycholinguistic Research*, 11, 501-20.

• **Vande Kopple, W. J.** (1986) : « Given and new information and some aspects of the structures, semantics, and pragmatics of written texts », dans C. R. Cooper et S. Greenbaum, *Studying writing : linguistic approaches*, Sage Publications, Beverly Hills, CA.

• **Véliz, M.** (1988) : « Evaluación de la madurez sintáctica en el discurso escrito », *Revista de la Linguistica Teórica y Aplicada*, 26, 105-141.

• **Vigner, G.** (1979) : *Lire : du texte au sens*, CLE International, Paris.

• **Vigner, G.** (1982) : *Écrire – Éléments pour une pédagogie de la production écrite*, CLE International, Paris.

• **Vitale, M. R., King, F. J., Shontz** et autres (1971) : « Effect of sentence-combining exercises upon several restricted written composition tasks », *Journal of Educational Psychology*, 62, 521-25.

• **Wardhaugh, R.** (1970) : « The contrastive analysis hypothesis », *TESOL Quarterly*, 4, 123-30.

• **Watson, C.** (1983) : « Syntactic change : writing development and the rhetorical context », dans M. Martlew, *The Psychology of Written Language*, Wiley & Sons, Chichester.

• **Welyun Yang, A.** (1989) : « Cohesive chains and writing quality », *Word*, 40 (1/2), 235-254.

• **Werlich, E.** (1975) : *Text Analysis and Text Production 1) Stories and Reports 2) Impressionistic and Technical description*, Verlag Lambert Lensing GMBH, Dortmund.

• **Werth, P.** (1984) : *Focus, Coherence and Emphasis*, Croom Helm, Dover, New Hampshire.

• **Whalen, K.** (1988) : « Pilot study on the nature of difficulties in written expression in a second language : process or product ? », *Bulletin of the Canadian Association for Applied Linguistics*, 10 (1), 51-57.

• **White, E. M.** (1985) : *Teaching and Assessing Writing*, Jossey-Bass, San Francisco, Washinghton, Londres.

• **Wierzbicka, A.** (1985) : « Different cultures, different languages, different speech acts. Polish *vs* English », *Journal of Pragmatics*, 9, 145-178.

• **Wiese, R.** (1984) : « Language production in foreign and native languages : Same or different ? », dans H. W. Dechert, D. Möhle et M. Raupach, *Second language production*, Gunter Narr, Tübingen.

• **Wikborg, E.** (1985) : « Unspecified topic in university essays », *Text*, 5 (4), 359-70.

• **Williams, J. M.** (1979) : « Defining complexity », *College English*, 40, 595-609.

• **Winter, E. O.** (1982) : *Towards a contextual grammar of English. The clause and its place in the definition of sentence*, Allen & Unwin, Londres.

• **Witte, S. P.** (1983a) : « The reliability of mean T-unit length : some questions for research in written composition », dans A. Freedman, I. Pringle et J. Yalden, *Learning to Write : First Language/Second Language*, Longman, New York.

• **Witte, S. P.** (1983b) : « Topical structure and writing quality : Some possible text-based explanations of readers' judgments of student writing », *Visible Language*, 17 (2), 177-205.

• **Witte, S. P.** et **Davis, A. S.** (1980) : « The Stability of T-unit length : a preliminary investigation », *Research in the Teaching of English*, 14 (1), 5-17.

• **Witte, S. P.** et **Davis, A. S.** (1982) : « The stability of T-unit length in the written discourse of college freshmen : a second study »,

Research in the Teaching of English, 16 (1), 71-84.

•**Witte, S. P.** et **Faigley, L. L.** (1981): « Coherence, cohesion and writing quality », *College Composition and Communication*, 32, 189-204.

•**Woodley, M.-P**. (1982): « L'écrit en trois dimensions », *le Français dans le monde*, 167, 55-59.

•**Woodley, M.-P**. (1983): « From complex sentences to coherent discourse », *Lenguas Modernas*, 9-10, 37-47.

•**Woodley, M.-P**. (1985): « Grammaire de texte et apprentissage de l'écrit », *le Français dans le monde*, 192, 60-65.

•**Woodley, M.-P**. (1987): « Non-nativeness in second language texts: the syntax factor », dans T. Bloor et J. Norrish, *Written Language*, 130-142, CILT Publications, Londres.

•**Yde, P.** et **Spoelders, M.** (1985): « Text cohesion : an exploratory study with beginning writers », *Applied Psycholinguistics*, 6 (4), 407-416.

•**Zamel, V**. (1980): « Re-evaluating sentence-combining practice », *TESOL Quarterly*, 14 (1), 81-90.

INDEX DES NOTIONS

Imprimé en France par IME - 25110 Baume-les-Dames
Dépôt légal n° 6651-09/1993
Collection n° 21 - Edition n° 01
15/4949/2